伝統的工芸品ブランドの

感性マーケティング

富山・能作の鋳物、京都・吉岡甚商店の京鹿の子絞、
京都・とみや織物の西陣織、広島・白鳳堂の化粧筆

長沢伸也 編

はじめに

●本書の概要

本書は早稲田大学ビジネススクール（ＷＢＳ）で開講されている講義「感性マーケティング論」で、２０１６～18年度に招聘したゲスト講師による講義のうち、伝統的工芸品ブランドのトップ４人によるゲスト講義の講義録です。

そして、〝感性に訴える製品づくり、感性に訴えるブランドづくり〟＝感性マーケティングの道を探り、これからの日本企業のものづくりやブランド構築に示唆を与える書です。

「伝統的工芸品」とは、以下の5要件をすべて満たし、「伝統的工芸品産業の振興に関する法律（伝産法）」に基づく経済産業大臣の指定を受けた工芸品のことをいいます。

1．主として日常生活の用に供されるものであること。

2．その製造過程の主要部分が手工業的であること。

3．伝統的な技術又は技法により製造されるものであること。

4．伝統的に使用されてきた原材料が主たる原材料として用いられ、製造されるものであること。

5．一定の地域において少なくない数の者がその製造を行い、又はその製造に従事しているものであること。

このような伝統的工芸品として、232品目が指定されています（令和元年10月時点）。

本書で取り上げる4社は、いずれも伝統的工芸品を製造する地場の中小企業です。一般に伝統的工芸品産業というと、売上も右肩下がり、後継者もいない、グローバル化どころか全国区にもなれず、衰退の一途を辿っているというイメージが強いと思います。しかし、本書で取り上げる4社は元気です。しかも、「高くても売れる」、「熱烈なファンが大勢いる」、「ブランドとして日本で、世界で通用する」、「感性に訴える」という特徴があります。

「ブランドとは、作るものではなく、認められて初めてブランド」（能作）、「ブランドとは、昔のものを大切にしながら、今のものを取り入れること」（吉岡甚商店）、「ブランドとは、伝統にしがみつかず常に新しいものに取り組むこと」（とみや織物）、「ブランドとは、〝筆は道具なり〟を実践すること」（白鳳堂）と、それぞれ独自のブランド戦略で成功しています。そして、いずれも日本的な文化や感性や価値観に基づく商品開発・管理、さらには「日本」発のブランド創造の道筋を示しています。「日本」発のブランド創造こそが、日本企業の喫緊の課題であることに疑いがありません。経営者自らの言葉の迫力と相俟って、多くのビジネスパーソンのご参考になると確信しております。

●本書の成立経緯

早稲田大学ビジネススクールでは、ビジネス界と密接に連携した教育・研究に注力しており、その取組みの一環として、座学だけではなく、それぞれの立場でご活躍の実務経験者や第一線の研究者の方にゲスト講師としてご登壇いただいております。講義録としては、

・『感性マーケティングの実践―早稲田大学ビジネススクール講義録～アルビオン、一澤信三郎帆布、末富、虎屋　各社長が語る』（同友館、2013年）
・『ジャパン・ブランドの創造―早稲田大学ビジネススクール講義録～クールジャパン機構社長、ソメスサドル会長、良品計画会長が語る』（同友館、2014年）
・『アミューズメントの感性マーケティング―早稲田大学ビジネススクール講義録～エポック社社長、スノーピーク社長、松竹副社長が語る』（同友館、2015年）

・『銀座の会社の感性マーケティング―日本香堂、壹番館洋服店、銀座ミツバチプロジェクト、アルビオン』（同友館、2018年）
・『ラグジュアリーブランディングの実際―3・1フィリップ リム、パネライ、オメガ、リシャール・ミルの戦略』（海文堂出版、2018年）
・『ロジスティクス・SCMの実際―物流の進化とグローバル化』（晃洋書房、2018年）
・『地場ものづくりブランドの感性マーケティング―山梨・勝沼醸造、新潟・朝日酒造、山形・オリエンタルカーペット、山形・佐藤繊維』（同友館、2019年）
・『感性&ファッション産業の実際―ファッション産業人材育成機構、ビームス、山田松香木店、共立美容外科・歯科』（海文堂出版、2019年）
・『ロジスティクス・SCM革命―未来を拓く物流の進化』（晃洋書房、2019年）

の9冊をこれまで刊行しております。

各年度でさまざまなゲスト講師をお招きしているなかで、編者が担当する講義科目「感性マーケティング論」では、株式会社能作 代表取締役社長 能作克治氏、とみや織物株式会社 代表取締役社長 冨家《とみいえ》靖久氏ならびに株式会社白鳳堂 取締役統括部長 高本光氏に2016年度、株式会社吉岡甚商店 代表取締役社長（京都絞り工芸館副館長）吉岡信昌氏に2018年度、それぞれご登壇いただきました。本書は、そのゲスト講師による講義と受講生との質疑応答を収録しており、ゲスト講師の講義録としては10冊目になります。ただし、出版に際して、講義部分および質疑応答ともに、ゲスト講師と各企業の広報ご担当様や編者による加除修正を行っています。

●各社長とのご縁

能作の能作克治社長は、ゼミ生（当時）の矢野豊子君を帯同して同社東京支店を訪問してお話を伺いました。その後、富山県高岡市の同社本社工場へ見学に行き、能作社長と職人の方々の情熱に感銘を受けました。そこで早稲田大学ラグジュアリーブランディング研究所主催「日本の〝こだわり〟が世界を魅了する」シンポジウム（2017年1月開催）トークセッションに登壇いただきました。この内容は『日本の〝こだわり〟が世界を魅了する―熱烈なファンを生むブランドの構築』（海文堂出版、2017年）に結実しました。

吉岡甚商店の吉岡信昌社長（京都絞り工芸館副館長）とは、東京・銀座での絞りフェアをたまたま見た際に説明いただき、京都の本店と京都絞り工芸館もぜひと勧められて伺ったところ興味を覚えました。その後何回か訪問して同社の経営についてお話を伺って、それなら私の授業にぜひお越しいただきたいとお招きしたという経緯です。

　とみや織物の冨家靖久社長は、京都在住のコンサルタント　亀田将史氏の推薦と紹介です。京友禅については『京友禅「千總」―４５０年のブランド・イノベーション』（同友館、２０１０年）を著したので、次は西陣織だということで京都市上京区の同社本社ビルを訪問し、ビル内の2フロアを占める西陣織美術館を観て、大変感銘を受けました。

　白鳳堂の髙本光取締役は、『地場・伝統産業のプレミアムブランド戦略―経験価値を生む技術経営』（同友館、２００９年）を執筆する際に、広島県熊野町の同社本社・工場を訪問して父上の髙本和男社長とともにお目に掛かって以来のご縁です。父上が東京にはめったに来られないということで、ご子息で広報ご担当の光取締役にご登壇いただきました。

●おことわりと謝辞

　本書の企画と編纂および質疑応答の質問部分の校正は編者があたり、講義部分と質疑応答の回答部分の校正は各講演者があたりましたが、内容や構成は編者がその責めを負っていることは言うまでもありません。また、各講演者が語った珠玉の言葉を収録していますが、話し言葉と文字とのニュアンスの差異や、間《ま》・雰囲気が伝わりきれていなかったり損なっていたりしたとすれば、編者の力量の限界です。また、諸般の事情により、出版まで時間が経過してしまったご講演については、内容やデータを最新のものに更新しました。

本書が成立する直接のきっかけとなった「感性マーケティング論」は、株式会社アルビオン提携講座（当時）として実施されました。ご寄附を賜りました同社代表取締役小林章一社長、ならびに編者とともに共同で非常勤講師として担当いただいた染谷高士常務取締役（当時）に厚く御礼申し上げます。

末筆になりましたが、お忙しいなか、ゲスト講師招聘に応じてご出講いただきました能作克治社長、吉岡信昌社長、冨家靖久社長、高本光取締役に深甚なる謝意を表します。また、各企業の広報ご担当のみなさま、特に能作株式会社北山卓司様には、写真のご提供やご講演原稿を細部にわたり確認いただきました。さらに講義を熱心に聴講し、活発に質問したWBSの受講生の諸君のご協力あっての本書であり、深く感謝しています。ゲスト講義の録音と音声起こしはWBS長沢ゼミ生ならびにゼミOB川村亮太氏にご尽力いただきました。また、本書は、同友館鈴木良二出版部長のご尽力により形になりました。ここに厚く御礼申し上げます。

本書を通じて、伝統的工芸品ブランドの感性マーケティングと本講義が広く知られることなり、これからの日本企業のものづくりやブランド構築のヒントになれば幸甚です。

令和元年　大嘗祭の日　都の西北にて

編者　長沢　伸也

なお、本書は令和元年度日本学術振興会科学研究費補助金基盤研究（B）18H00908の補助を受けた。

目次

1

株式会社 能作
――ブランドとは、作るものではなく、認められて初めてブランド

2

株式会社 吉岡甚商店・京都絞り工芸館
――ブランドとは、昔のものを大切にしながら、今のものを取り入れること

3

とみや織物　株式会社
――ブランドとは、伝統にしがみつかず
常に新しいものに取り組むこと

1

株式会社 能作

――ブランドとは、作るものではなく、認められて初めてブランド

ゲスト講師：株式会社 能作　代表取締役社長　能作克治氏
開催形態：早稲田大学ビジネススクール「感性マーケティング論」〈第5回〉
日　時：2016年10月12日
会　場：早稲田大学早稲田キャンパス11号館903号室
対　象：WBS受講生
音声起こし：加藤由香（WBS生）

●会社概要●

株式会社能作

代表取締役社長：能作克治

設　　立：1967年（昭和42年）

創　　業：1916年（大正５年）

資 本 金：3,000万円

売 上 高：15億円（2019年３月期）

従 業 員：152名（2019年３月期）

本社所在地：

〒939-1119　富山県高岡市オフィスパーク8-1

東京事務所：

〒100-0005　東京都千代田区丸の内1-1-1パレスホテル東京 B1階

能作《のうさく》 克治《かつじ》　略歴

1958年生まれ。大阪芸術大学芸術学部写真学科卒業。1984年、株式会社能作入社。2002年、代表取締役社長就任、現在に至る。2016年、革新的な経営で斯業の発展に寄与したことにより藍綬褒章受章。金属溶解一級技能士、独立行政法人中小企業基盤整備機構・よろず支援拠点全国本部コアメンバー、公益社団法人富山県デザイン協会理事長、一般社団法人日本工芸産地協会副会長。

【長沢（司会）】 「感性マーケティング論」第5回目のゲスト講師として、株式会社能作代表取締役　能作克治様をお迎えしています。

伝統工芸品、あるいは地場伝統産業というと斜陽で今にも潰れそうというイメージが多いのですが、例外的にものすごく伸びていらっしゃる会社です。私はここ数年、経済産業省の伝統的工芸品産業室「ふるさと名物応援事業費補助金（伝統的工芸品の産地ブランド化推進事業）」公募審査に係る審査委員を務めています。その経済産業省でも貴重な成功事例ということで能作を前面に打ち出していまして、伝統的工芸品産業室のホームページで2、3回クリックすれば出てきます。

今まで私のゼミ生が修論でインタビューさせていただいたり、早稲田大学ラグジュアリーブランディング研究所主催シンポジウム（注）でご登壇いただくなどしておりますが、私の授業でお呼びするのは初めてということで、私も大変喜んでおりますし、誇りに思っております。

それでは、能作社長にご登壇いただきます。拍手でお迎えください。（拍手）

【能作】 こんばんは。富山からやってきました。北陸新幹線が走っているので、高岡から2時間半で東京駅まで来られるのですけれど、別の目的があったので飛行機で来ました。

単純な理由でして、北陸新幹線が開業してから飛行機に乗らなくなったのですね。去年、一昨年まではANAプラチナ会員だったのですけれども、新幹線移動になってプラチナの権利はもういいやと。ANAからこの間メールが来て、能作さんあと3000ポイント、3000乗ればプラチナですって来たのですね。おかしいな、何でだろうと考えたら、実は今年は海外にやたら行っていまして、それで一気にポイントが溜まったということがわかりまして、もう12月まではしばらく飛行機にしてポイントを稼ごうと思って参りました。（笑）

この中でうちの会社を知っている方っておられますか？　あ、やっぱりおられるのですね。それはやっぱり錫《すず》の曲がる籠とかということですか？　今日はうちの会社の話なのですが、伝統産業の新たな発信ということでお話ししていきたいと思います。

地域と伝統産業の現状

まず、現在どうなっているかですが、1916年ですから、ちょうど100年前に創業しまして、今年度（注：講演時）で100年なのですね。本社は先ほど紹介した富山県高岡市。支社をパレスホテル東京の中にお店と一緒に小さな事務所を入れています。社員数約120名で、今直営店を増やしています。9月に名古屋のJR高島屋と九州2店舗目の博多阪急に増やしましたので、今10店舗あります。

なんで直営店を増やすかというと、伝統産品というのは伝えることがいっぱいあるわけです。店舗に置いてもらっても、なかなか伝えきれないのです。ところが直営店だと、社員がいますから、ちゃんと伝えて買ってもらえるってことがよくよくわかりましたので、直営店を増やしています。

実は、僕は13年前（注：講演時）までずっと職人をしていまして、商品開発を始めたのは13年前からなのです。かいつまんで話をしようと思うのですが、先生からご紹介があったように、売上は13年前からちょうど10倍以上になりました。社員数も10人くらいだったのですけれども、120名ということでだいたい10倍になりました。

どのように伝統を活用したかということなのですが、まず高岡について知っていただきたいと思います。高岡は、400年前に加賀藩主前田利家の息子前田利長が開町に来ました。なぜ高岡を開町したかというと、加賀藩は広大で、高岡が一番ど真ん中だったこともあり、城を築きに来ました。ところが加賀藩2代目前田利長が亡くなり3代目が城を建てようとしたのですが、一国一城令が出まして、高岡城がなくなったということです。城下町なのですが、武家屋敷は一軒もありません。町民文化で栄えていました。高岡大仏や国宝の瑞龍寺、高岡銅器といったものが有名です。

「鋳造」をご存じの方は？ 案外少ないですね。単純にいえば、溶けた金属を型に流し込んで金属製品を製造する産業です。なんでそれが栄えたかというと、400年前に前田利長が高岡に来たときは、産業がなかったのです。そこで鋳物師を7人招致して興した産業です。金属が採れるとか、鋳物によい砂が採れるとかじゃないのですね。産業誘致で栄えたのが高岡銅器です。

うちの会社がどんなことをやっているかというと、真鍮製の鋳物や錫で製造したKAGOという製品を製造しています。

最近新しい取組みをしているのが錫の抗菌性を生かした医療器具です。錫には知られていなかった抗菌性があることが見つかり、かつ生体細胞に反応しない。ということで2014年にそれを利用した医療器具の開発に踏み込みました。

高岡市の一つの大きな特徴っていうのは、前田利長が鋳物師を連れてきて、鋳物の産業を興した結果、モノづくりの町になったのです。三共立山アルミさんは高岡が本社でして、アルミ・銅器の生産額が日本一です。

もう一つ、おもしろいのがですね、モノづくりデザイン科っていう授業が高岡にあります。小学5年・6年・中学1年の3学年に、伝統産業に親しんでもらおうということで、年間35時間のカリキュラムを組みまして、これでちょうど10年続けています（注：講演時）。10年続けるっていうのは行政としては異例なことなのです。実は今年（注：講演時）の4月、新卒の女性が入社しました。この子は去年の夏、先生と一緒に面接にやってきました。高岡は工芸の町なので、富山県立高岡工芸高校という高校があります。そこの工芸科の女性なのですが、7年前の小学5年のときにうちの会社に見学に来まして、鋳物とうちの会社を好きになってそれで県立工芸高校に行って卒業したら、研磨職人になりたいから就職させてくれという。すごいいい話なのですが、逆に、そう言われますとダメって言えませんからね（笑）。4月に入社して、今研磨職人を目指して仕事をしています。ですから、高岡市というのはモノづくりを非常に重視した政策をしている街だと思いますね。

先ほど、伝統産業は苦戦をしていると言いましたが、間違いなく苦戦をしております。資料1の棒グラフは全国の伝統産業の売上をぐっと圧縮したもので、折れ線が高岡銅器の

資料１　生産額の推移

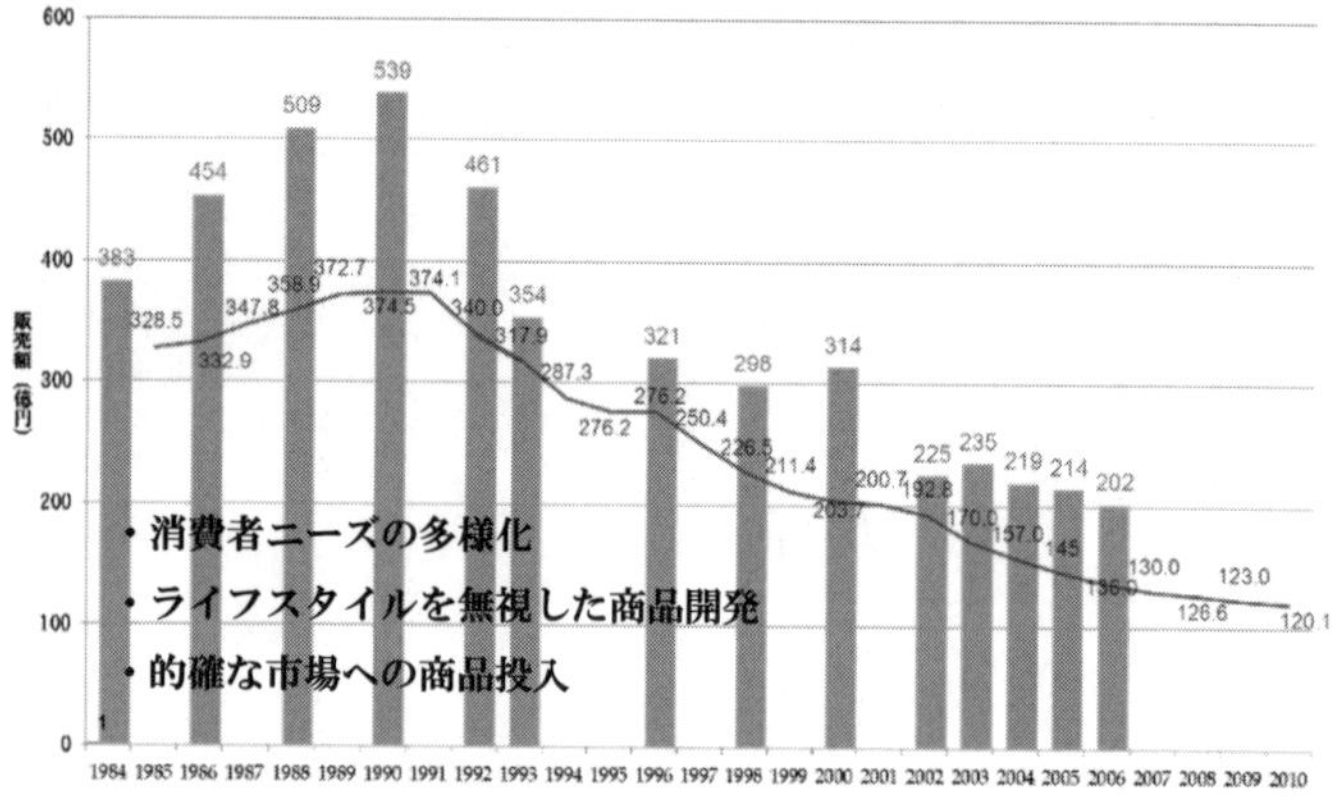

出所：（株）能作

売上推移のグラフになっています。平成２年、１９９９年ですね、ここがピークですね。高岡も３８０億円の出荷だったのですが、現在は１１０億くらいっていわれています。ですから、もう3分の1以下です。全国的にもそうです。ひどいところは10分の1といわれています。

なぜ伝統産業が苦戦するのか。非常に簡単な理由でして、俗に消費者ニーズといいますけれども、伝統産業って和物を追っかける傾向がありますよね。要するに畳の部屋とか、仏間とか、あるいは床の間に置くものを作るわけですね。でも今、特に東京は和室、畳の間、仏壇がないですよね。そこにモノを供給しても絶対難しいというの

資料2　高岡銅器の流通

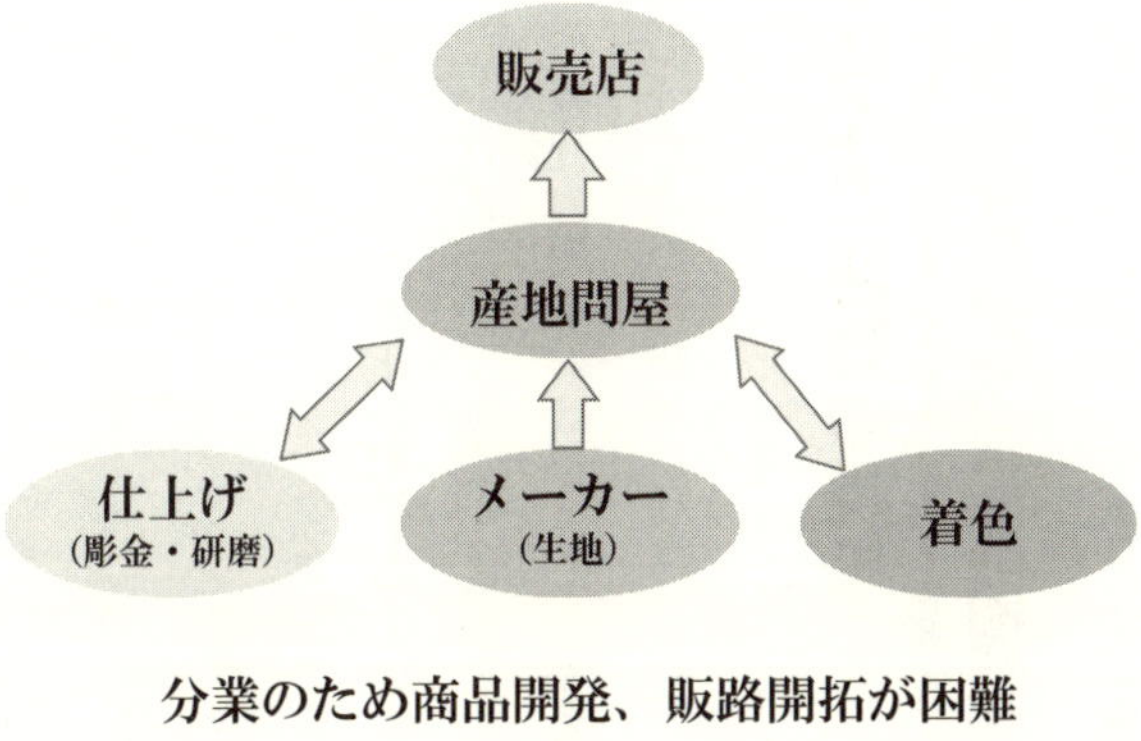

出所：（株）能作

が一つの原因ですね。だから作るもの、伝統を守りすぎるということがあります。

うちの会社は実は市場を伸ばしてきて、わかったことが一つあります。何かというと、的確な市場に商品が投入されていないということですね。伝統産業は、作っている物も伝統的なのですが、流通も伝統です。ですから新しい伝統を開拓しないといけないということがわかりました。伝統産業って大方、資料2に示すような流通になっています。北海道は作った人がモノを売るということをやっているのですが、大方の伝統産業は完全なる分業制なのですね。

うちの会社はメーカー（生地屋）。その他、仕上げ、たとえば彫金とか研磨とか着色という仕事があるのですが、それを産地問屋さんが全部プロデュースしているわけです。ですからうちは素材をつくって問屋さんに納める役目をしていました、ずっとですね。忙しいときはいいのですよね。自分ができる得意なことをやっていればご飯食べられるわけです。ただ暇になってくるとどうなるかというと、産地問屋さんは、高岡銅器が売れないなら他のものを仕入れて売ろうということになります。下の3つは置いてけぼりになるわけですね。メーカーが何か新しいことをやろうと思っても構造的に客が見えないので、困難だということになりますよね。現実、高岡銅器もほぼこういう状況です。

うちの会社の取組みは、よく〝守る〟っていうのですが、守ってないですね。完全に攻める伝統を15年は続けています（注：講演時）。

飛び込んだ鋳物の現場

僕もずっと職人をしていまして、新たな開発に取り組もうとしたのですが、最近よく思うのですけれども、失敗するのを恐れてやらない人って山ほどいるのです。いいこと言っているのですよ。ところが実行しないのですね。実行しなければ成功も失敗もしないということなのですね。でも、一番悪いのは何もしないことなのですね。失敗をしても次の成功に結びつくこともありますが、高岡は封建的なので、いいことを言うのですけれども実行しない、何もしない、一番悪いパターンが非常に多いと思います。

１００年前に創業してほぼ85年ですね、ずっと茶道具や仏具、あとは華道具の生地を作ってきました。生地を問屋さんにお渡しすると。問屋さんがこれに色をつけて、県外に売り込む。うちで作ったものがどんな色になっていて、どんなパッケージで、どこで売られているかということが実際にわからない。そういう中でずっと技術を売る立場として仕事を85年くらいやってきました。やっぱりものを作るということはすごい大事で、伝統を守ることも大事なのですね。販路が変わった現在でも、従来どおり問屋さんにも生地をお渡しししています。

高岡に来て32年経ちました（注：講演時）。出身は福井県です。なんで富山県に来たかというとですね、僕は地元の高校出て大阪の大学を出て新聞社の写真記者を2年半やっていました。そこでここの能作の一人娘と出会うわけですね。僕は長男で妹しかいなかったのですが、いざ結婚というときにですね、先代が「伝統の灯を消してほしくない」と、「うちは一人娘しかいないから」と言われまして、じゃあということで思い切って高岡で鋳物職人を始めました。

当然、技術を売る立場ですから、とにかく高岡で一番の鋳物屋になろうということで丸々18年現場に入って職人をしました。大概のことは一人でやれる状態にはなりました。先ほど言いましたように、能作は一人娘で、「伝統を守ってほしい」と言っていたお義父さんも実はお婿さんです。ですので、女系なのですね。僕自身も娘が3人います。長女は30歳になりましたが3年前に富山市からお婿さんをもらいまして、これも長男です、一緒に生活をしているのですけれども、孫が2人生まれました。1人はこの間生まれたばかりで、例外なく女の子。極端に男の子ができない家系……これ何代続くのだろうと思うのですが（笑）、とりあえず18年現場に入って職人をしました。

高岡は封建的で、同じ鋳物屋さんには何も教えてくれないのですけれども、僕は県外の人間、前職の職種も違っていたので〝旅の人〟って呼ばれるのですね。ちょっと、差別用語的です。お前〝旅の人〟やろう、と教えてくれるのです。教えてもらって自分自身でそれを実行すると、そうするとあの人の言っていることは正しくてこっちは間違っているのだとわかるわけです。それで鋳物の技術を伸ばしてきました。だから今地域に恩返しをしたいという想いがあるので、地域貢献をしています。

商品開発と販路開拓のきっかけ

18年職人をやって、問屋さんから高岡では能作の鋳物は一番きれいだなと言われるようになり、やっぱり直接ユーザーの評価を聞いてみたい、先ほど言った流通を生みたい。それとうちの製造品は茶道具・仏具等なので、美術品ではないのですけれども、どちらかいうと美術品に近いですね。ですから、デザイン性の高い商品を作りたいなという想いがだんだんできてきました。チャンスが訪れたのは2001年ですね。たまたまうちの素材と技術を見たコーディネーターとデザイナーが、能作さん、すごい鋳物の技術だねと、東京で展覧会やらないかっていうので、東京の原宿で展覧会をしたのがきっかけになります。

このときどんな展覧会をしたかというと、非常にマニアックでして、あえて着色せず真鍮素材そのままを見せました。鋳物屋さんが見ると良いものだね、きれいだねって言うのですが、一般の人にはよくわからないですよね。このとき作っていたのは茶道具や仏具で

写真１　素材と技術を認めたデザイナーから制作依頼

出所：(株) 能作

すから、並べるものが全然ないのですね。

どうしたかっていうと、真ん中は池坊の万年青《おもと》鉢《ばち》っていう、正月の万年青を入れる鉢ですね、その素材のもの。右側はお茶道具の建水です。これに水を張って、ろうそくを浮かべて光を楽しむ。唯一作ったのが左側のベル。これ枝をつけて長くしているのですが、ベルを作りました。なんでベルを作ったか。真鍮は音がきれいというのが一番の理由ですね。この展覧会で2つのことが起きたのです。

一つは、目黒のCRASKAというホテルのロビーに置いてある真鍮製の照明です。これはIntentionalliesの、鄭秀和《テイシュウワ》というデザイナーが、うちの展覧会に来まし

写真2　真鍮製　特注照明器具：英国BBC放送のドキュメンタリー番組にも使用

出所：(株) 能作

て、能作さんすごいねと、リノベーションの最中だったCRASKAの照明もぜひ作ってくれということで、写真2の照明を作りました。この照明でうれしかったのは、イギリスのBBC放送のディレクターがこのホテルに泊まりまして、この照明を気に入るわけです。BBCにも使わせてということで6器送りまして、the deskというドキュメンタリー番組で約5年間、使われておりました。

メディア的にいえば建築雑誌に、高岡で仏具を作っているメーカーがこんなもん作ったよという紹介が出るわけですね。

もう一つ、これがうちにとっては大転換点。写真3の左側は僕がデザインしたベル

写真３　2002年、素材とデザインをキーワードに商品開発と販路開拓を開始

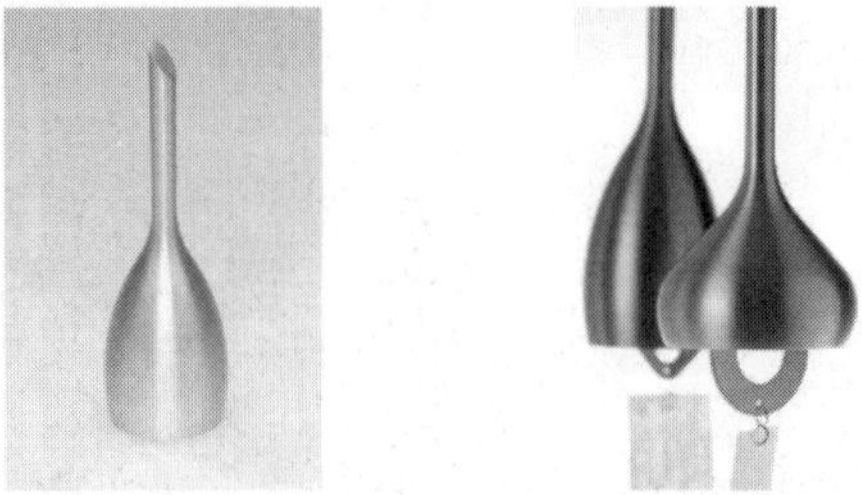

ベル　　風鈴

商品開発はバイヤー、店員の意見を重視
営業はしない。

出所：(株) 能作

なのですけれども、その展覧会を見て、東京の株式会社ＢＡＬＳ（現㈱Ｆｒａｎｃｆｒａｎｃ）という会社、Ｆｒａｎｃｆｒａｎｃさんってご存知ですよね？　そこのＪ－ＰＥＲＩＯＤというブランドで扱いたいというわけです。僕にとっては有頂天です。当然自分がデザインしたものが、初めてメッキと色をつけて箱に詰めて出せるわけですね。それもユーザーに一番近いところに出せる。ひょっとしたらユーザーの声を拾って商品化できるのではないかと思ったのですが、このベルがまるっきり売れない。

　売れない理由はわかりますか？　簡単なことなのです。日本でベルは使わない。た

だ、うちにとっては店員さんの意見を聞くことができるようになりました。

そんなことがあって全然売れなかったのですが、実際店舗で販売している店員さんがですね、能作のベルは、非常にスタイリッシュで音がきれいだから、風鈴にしたらどうですかと言われて、写真3右側の風鈴にしたのですね。3ヵ月で30個しか売れなかったベルがですね、3ヵ月で3000個売れたのですよ。わかったことっていうのは、自分たちはユーザーと接点がないから、実際一番ユーザーに接している店員さんの声を聞こうと。

錫鋳物と技術開発

それプラス、「素材の大事な一番良いところを引き出して、そこに付加価値であるデザインをする」。なんでデザインが付加価値かっていうと、まず時代背景なのです。たとえば30年前の車って、性能はあまり変わっていないのですが、みんな古いと思うのですね。何が違うかというとデザインが違う。その時のデザインを取り入れて商品開発をする。

もう一つは「営業しない」。なぜかっていうと、先ほどの高岡銅器の流通形態がありま

写真4　能作の錫

一般的な錫製品（ピューター）

- 硬くして加工するため、
  合金にして使用（銅・アンチモニ）
- 鋳型には、セメント、金属を使用
- 鋳造後の仕上はロクロ加工

能作の錫製品（ティン）

- 純度99.995%以上の材料で鋳造
- 生型鋳造とシリコーン鋳造により製作
- 加工をせず、鋳肌を生かす

出所：（株）能作

すから、うちがどこかで営業するとそれはもう問屋さんとバッティングしますよね。高岡の業態を揺るがすことになるので、営業しないで、展示会で見てもらって、欲しい人に買ってもらうと。それはギフトショーとか、日本ではありますね。実際に欲しいという人が来た場合に、高岡の問屋さんとお付き合いがありますかと聞くわけです。あるって言われればそちらを介して買ってくださいと言おうと思ったのですが、全然いないですね。

さっき言ったように、伝統産業は、流通も伝統だったということはよくわかりまして、ほとんど障壁なくたくさんの取引先を得ることができました。

これ、非常に売れています。錫100%の製品なのですが、これも先ほどベルを風鈴にしたらどうですかと言った店員さんがですね、能作さん身近なものを金属でできませんかと言われたのです。何が欲しいのと聞いたら食器が欲しいと言われました。銅合金で食器を作ると食品衛生法では使えないものですから、うちの技術でできるものは何かなって考えのが、錫。

一般にピューターといって、錫に鉛、銅を混ぜて硬くして使います。ピューターって聞いたことあると思いますが、錫合金。もちろんこれをやると、たとえば大阪錫器とか薩摩錫器のモノマネになるので革新性がない。世界で誰もやっていない100%錫にチャレンジをしようということになりました。錫は非常にサビにくいのですね。良い金属です。抗菌性もあります。あと、お酒の味がまろやかになります。極端に変わります。ワイングラスとか酒器はいっぱい作っているのですが、評判が良いのは味がまろやかになるということです。

うちの錫と一般的な錫の違いですが、一般的な錫はピューター。金属は硬くて当たり前だっていう感覚なのですね。硬くないのは金属じゃないという意識で、混ぜ物をして硬くする。うちの場合はピューターじゃなくてティン。英語で錫のことをtinと言いますので、純度が99・995％の材料を用いて作っています。

シリコーン鋳造っていう新しい鋳造法を編み出しました。なぜかっていうとシリコーンの耐熱温度っていうのは250度で、錫の融点というのは231度と非常に低いのです。鋳造するときは250度以上に上げるのですけれども、であればシリコーンでも鋳造できるのではないかと、開発に7年かけました。実はいまうちで非常に売れているKAGOっていう曲がる器も、今シリコーン鋳造、医療機器もシリコーン鋳造ということで、特許出願しています。

あともう一つは、加工せずに鋳肌を生かすということをしています。加工をせずというか加工ができないのですよ。粘っこいし柔らかいし。機械に固定することもできないので、鋳肌、ざらっとしたものが多いです。

これ不思議なのですけれど、日本人は金属が苦手な民族なのですね。金属文化がなかったのですね。大陸から渡ってきて、武器になったり包丁になったりということで。ところが、欧米とか中国は金属文化がありましたから、非常に金属に愛着がある。ですからキッチンがそうです。キッチンに包丁が突き刺して置いてあったり、壁にかけていたりするのですけれども、日本はみんな戸棚に入れて人に見せないのですね。危ないから。それだけ違うと。

ちょうどこの錫を作り出した時かな、うちもまだ単独ブースを出す力がなくて、富山県のブースを間借りして出品したことがある。お客さんがたまたまうちに来たものですから、そのときに言ったのですね、近くのブースにある大阪錫器さんの商品が恰好良いでしょ、ピカっとしていて、って言ったら、そのお客さんが能作さんのほうが随分いい、って言ったのです。どうしてですかって聞いたら、ざらっとしていて陶器風でいいと言ったのです。そのときにひょっとしてこのざらっとしている錫の器って、売れるのではないかなというふうに思いました。

あとは色ですね。海外展開してよくわかったのですが、日本人の好きな色ってお葬式の色なのです。銀と黒と白。車もそうです。以前は走っている車はほとんどこの3色だった。欧米・中国がそうですが、金・赤が好きなのですね。それだけ文化が違う。ですから海外展開をやっていますが、これを間違えちゃうととんでもない失敗になります。であれば錫は日本人の好きな色。ですから日本ではこの器は売れるのではないかなと思いました。

余談なのですけれども、海外展開で6年半（注：講演時）ぐらいやっていまして、ビアカップ、これ日本で毎年3万個から4万個売れているのですね。日本では非常に売れる。

ところが中国あるいはアメリカ・ヨーロッパではダメなのです。理由は簡単でしてヨーロッパ・中国は冷たいものを飲まないのです。常温でビール飲んだりするので、実際冷たく感じさせる必要がないのです。アメリカの場合は瓶から飲むので、栓抜きがすごく売れます。ところがこの間、タイのバンコクでトークショーをやってきたのですが、絶対これはバンコクでは売れます。どうしてかというと、バンコクはとにかく暑いですからビールをキンキンに冷やしてやっぱり器に入れて飲む。中に氷を入れるのです、冷たくしたいから。PRで氷を入れてみんなに飲ませてみたらという話をしました。売れると思います。

写真5が先ほど言ったシリコーン鋳造という鋳造法ですが、普通、作家さんがシリコーンで型を作り、作品を一個作るということがあるのです。ところが一個作って型が歪んで使用できなくなっちゃう。

うちの型は平均で500から1000回使えます。ガス抜けと流動性をどうもたせるかということで、かなりシリコーンにいろんなものを入れてチャレンジしました。最初はちっちゃいものはできたのですが、大きいものはできない。

あと微細な表現が可能だということと、もう一つの大きな特徴は鋳ぐるみってわかりますかね？　たとえば大阪のクロバーという会社の、デザイナーグッズ。先っちょはステン

写真5　2008年　シリコーン鋳造の開発開始

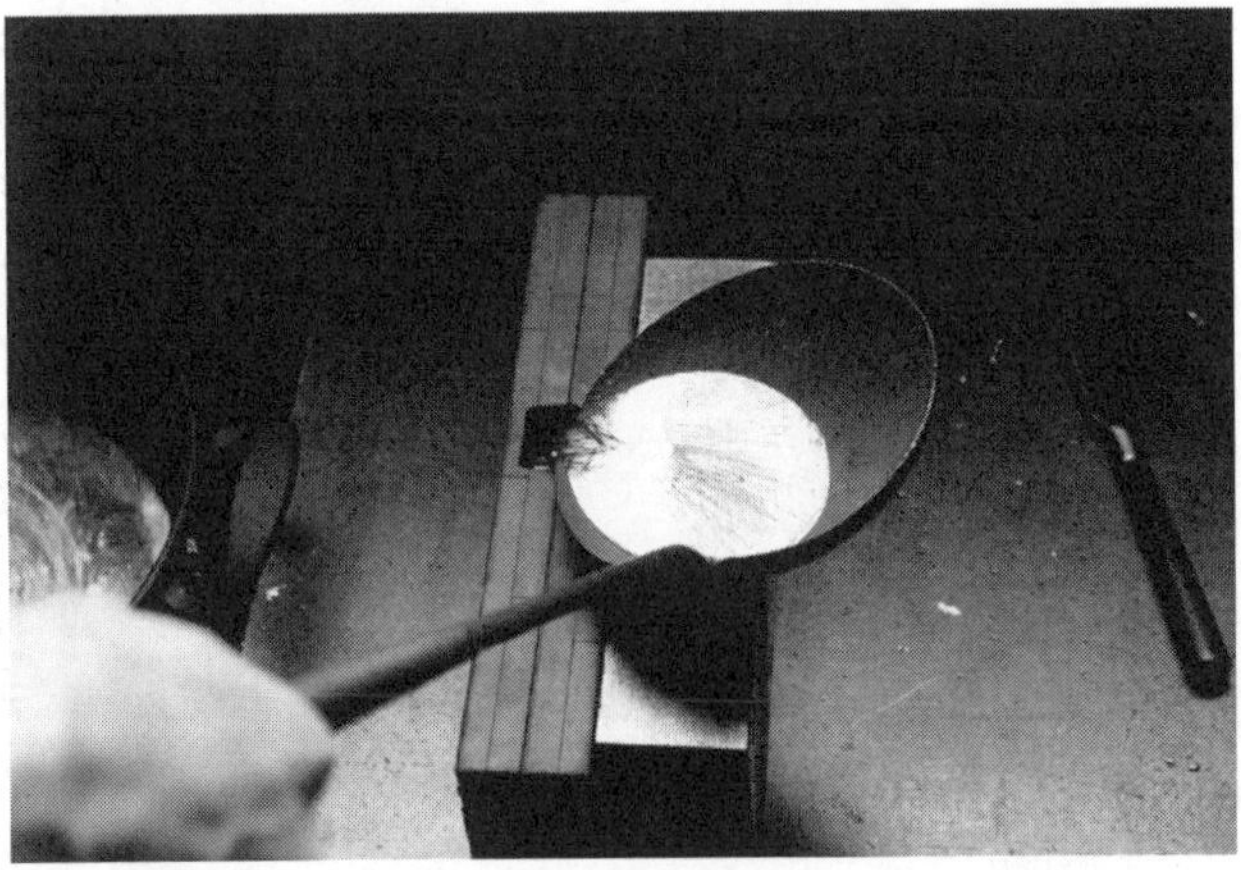

出所：（株）能作

レス、上は錫なのですが、ステンレスは東大阪から送ってもらって、シリコーンの型にステンレスを置きまして、そうすると型から出てきたときにはくっついている。非常に柔らかい金属なので、ネジを切ったりすることが不可能なのです。溶けた金属でくるむのがよいと思って、鋳ぐるみという手法で作りました。

あとはコケ盆栽。鋳物の器。これにコケを入れて販売しています。ハリネズミが売れていまして、日曜日の朝やっている「がっちりマンデー」というテレビ番組の、テーブルがあるのですが、その下に入っているのです。

素材とデザインで市場を拓く

写真6が代表作のＫＡＧＯです。写真6左上のこの鍋敷きみたいな。

もともとこの発想というのがデザイナーの小泉誠。彼に商品開発をお願いしたときに、デザイナー的な発想なのですけれど、この金属曲がるなら、曲げて使ったらいいのではないかということで曲がる器ができました。富山県はデザイン立県なのですね。ワークショップを毎年していて、小野里奈って東京のデザイナーがいまして、考えたのがこのＫＡＧＯです。彼女は仙台出身です。このＫＡＧＯって、反対にして掲げてもらうとわかると思うのですが、仙台の七夕飾りが発想の原点です。

うちの会社はデザインに対してどうしているかというと、社内のデザイナーはいるのですがグラフィック専門で、ほとんど外部のデザイナーに任せます。東京に全部で25人ぐらいいます。契約は全部ロイヤリティ契約ですね。デザイン料は払わないのです。売れた個数に払うのです。企業として売れないデザインにお金払うのは嫌ですよね。売れたデザインにお金を払うことにしています。

写真6　錫器「KAGO-スクエア」（デザイン：小野里奈）

出所：（株）能作

ロイヤリティはだいたい定価の3％ということにしています。うちのロイヤリティはおもしろくてですね、売れている限りは一生、ロイヤリティを払います。実はロイヤリティも製品が売れるとばかになりません。小野里奈さんのＫＡＧＯは、だいたい年間で市場販売価格が2億円を超えているので、ロイヤリティは年間700万から750万円。ですから非常に大きいということですよね。

さっき味が変わると言いましたけれども、錫はほんとに味が変わる金属でして、最初は気のせいだと思ったのですね。三重県の工業研究所、県の施設なのですが、そこに非常に精度の高い味覚センサーがあり

資料3　お客様の声

・若い赤ワインのコクや力強さが増す　―　ソムリエ
・ビンテージワインはバランスが崩れる　―　ソムリエ
・日本酒のカドがとれまろやかになり呑みやすくなる
・オレンジジュースのえぐみがとれる
・水がおいしくなる
・ヨーグルトや牛乳がまろやかになり飲みやすくなる
・豆乳のくせが抜け、味が変わる

出所：(株) 能作

まして、錫を送って試してみました。そうすると、間違いなく味が変わっているということです。特に日本酒・ワイン、これだけじゃないのですよ。オレンジジュースとかヨーグルトすべて味が変わります。

恵比寿にあるジョエル・ロブションの初代と4代のソムリエに、うちの錫器に入れたワインを飲み比べていただいたのですが、資料3のような結果が出ています。力強さが増して良いという感想。若いワインやボジョレーとか安いワインは非常に味が良くなる。逆にヴィンテージは絶対だめだと、バランスが崩れるので。

それから、日本酒のカドが取れて飲みやすくなるとか、オレンジジュースのえぐみ

資料４　純錫の安全性と抗菌試験

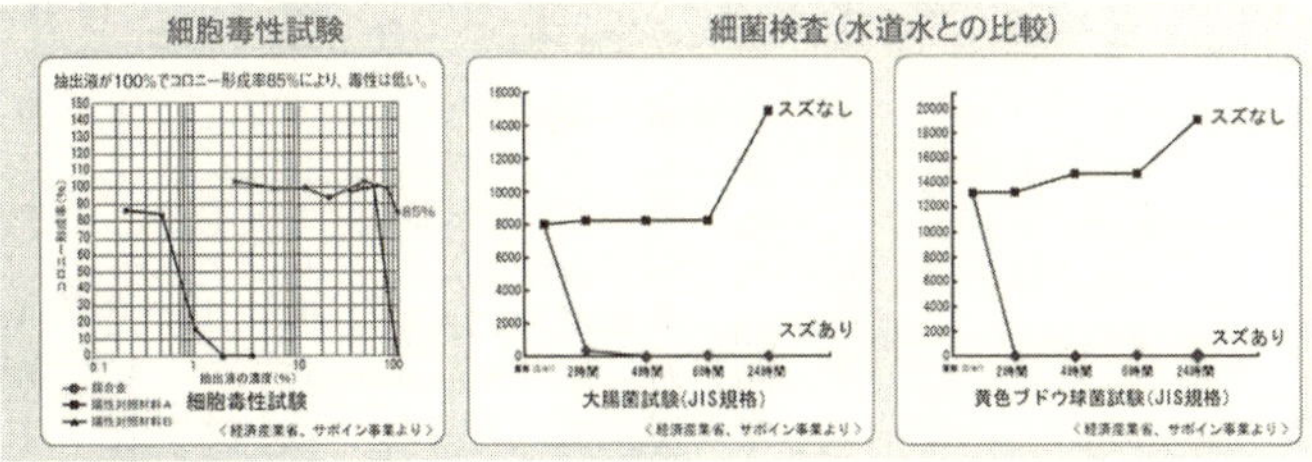

↑大腸菌　　↑黄色ブドウ球菌

出所：（株）能作

がとれます。よく三越、松屋で試飲会をやるのですが、お酒飲めない人にはポンジュースを出しています。

　あと、水がおいしいって言われます。それからヨーグルト、牛乳もまろやかになります。最近よく聞くのが豆乳、錫の器に入れると癖が抜けて飲めるという。なんでそうなるのかまだわかってないのです。今、金沢工業大学でいろいろと調べている最中ですね。年内には何が味を変えるかっていう答えが出るというふうに思っています。決して錫が溶け出ているわけではありません。

　これは抗菌性の話なのですが、展示会にある脳外科の先生が来まして、能作さんこの金属おもしろいね、手術中に曲がるヘラとして使えると言い出したのですね。ただ曲げて使えるけれども、これ抗菌性とかどうなのと言われて、調べてみたのです。

そうするとこの真ん中、大腸菌なのですけれども、錫のチップ入れたものがほぼ2時間で全部死滅ですね。右側が黄色ブドウ球菌。

左側がですね、生体細胞、錫のチップを置いて周りの細胞がどうなるかを調べています。そうすると右です。錫は85%が残るのですね。70%超えていれば陽性。ですから医療器具として体内に錫をつけても大丈夫ということがわかったということです。ちなみに左側の0になっているやつ、あれは銅です。銅も抗菌性があるのですが、生体細胞も殺してしまうのです。ですから食品衛生法で銅は使えないということになります。

黄色ブドウ球菌・大腸菌だけではなくて、今いろいろ調べているところです。24時間後にどれだけいなくなったかを調べたのが抗菌活性値という数字でして、2・0で線が入っていますね。2・0超えれば、日本の基準で抗菌性とうたってよいということになっています。

2・0ってどういうことかっていうと、減少率でして、実は99%がいなくなります。残り1%しかいない。抗菌活性値3なんていうのは、99・9%。1でも90%いないですね。

資料5　錫の抗菌試験グラフ

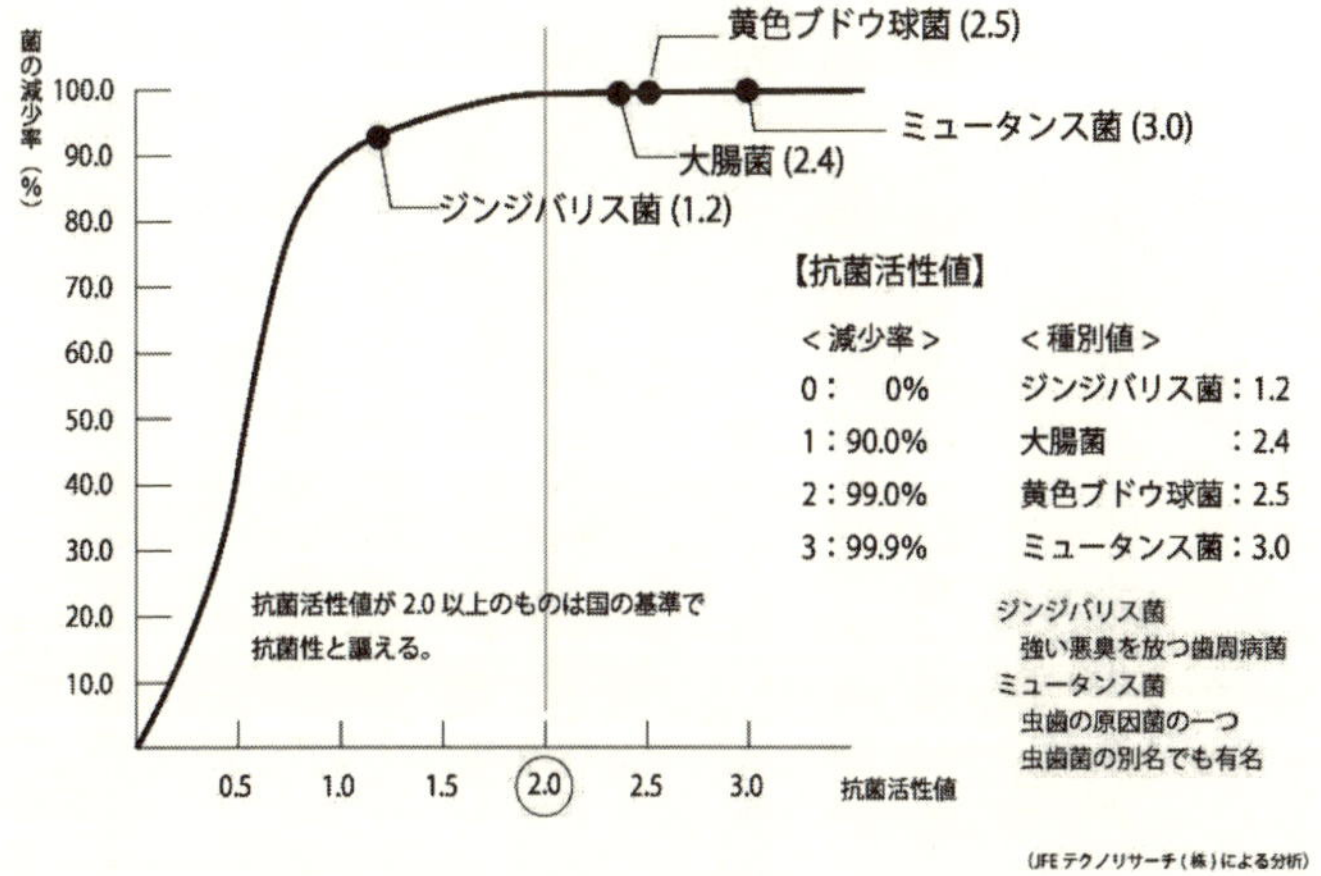

出所：（株）能作

そういう効果なのです。大腸菌が2・4ですから99・数%、黄色ブドウ球菌2・5。

びっくりしたのはミュータンス菌です。ミュータンス菌というのは、虫歯の菌ですね。抗菌活性値3・0。99・9%がいなくなっている。差し歯を錫にすれば、他の歯は虫歯にならないのです。そう思ったのですが、ただ、錫で前歯を作って硬いものを噛むと凹んで奥歯になってしまうということで、難しいところです。

ジンジバリス菌というのは、歯周病菌です。これは1・2なのですけれども、1・2といえども、90%以上いなくなるということです。

医療器具じゃないのですけれど、ほかに

も作っているのですね。入れ歯入れ、フィーユ。要するに、ミュータンス菌がいなくなるので、考えてみれば入れ歯する人って虫歯になるならない関係ない、なので部分入れ歯の人に効果がある。

あと足指用の toew というものや、真鍮製の介護用呼び鈴。カバーがしてあるので、ぎゅっとお年寄りがつかんでも音が鳴ります。大きな声が出せないお年寄りもいっぱいいます。実は介護施設に10個入れまして、実験をしてもらったのですけれども大失敗しまして、誰が鳴らしているかわからないということがありました（笑）。今、在宅介護用として販売していこうとしています。

錫の可能性というのは医療器具とか介護用品ですね。あと高岡でもメーカーさん約10社、錫の製品を作り出しました。シリコーン鋳造はオープンにしていませんが、そのほかは全部うちに来た人たちに教えています。そして、10数件の加工屋さんに仕事をお願いしています。そうすると、問屋やメーカーは加工屋さんに能作と同じように作ってと言える。地域の活性化を担う可能性があるなと。極端にいえば、高岡錫器っていうブランドがひょっとしてできるのではないかという想いでおります。

あと海外についてですが、うちは6年前（注：講演時）に海外を始めたのですが、2つ

写真7　海外での展示会への出展

2010年1月　Maison et Objet／パリ

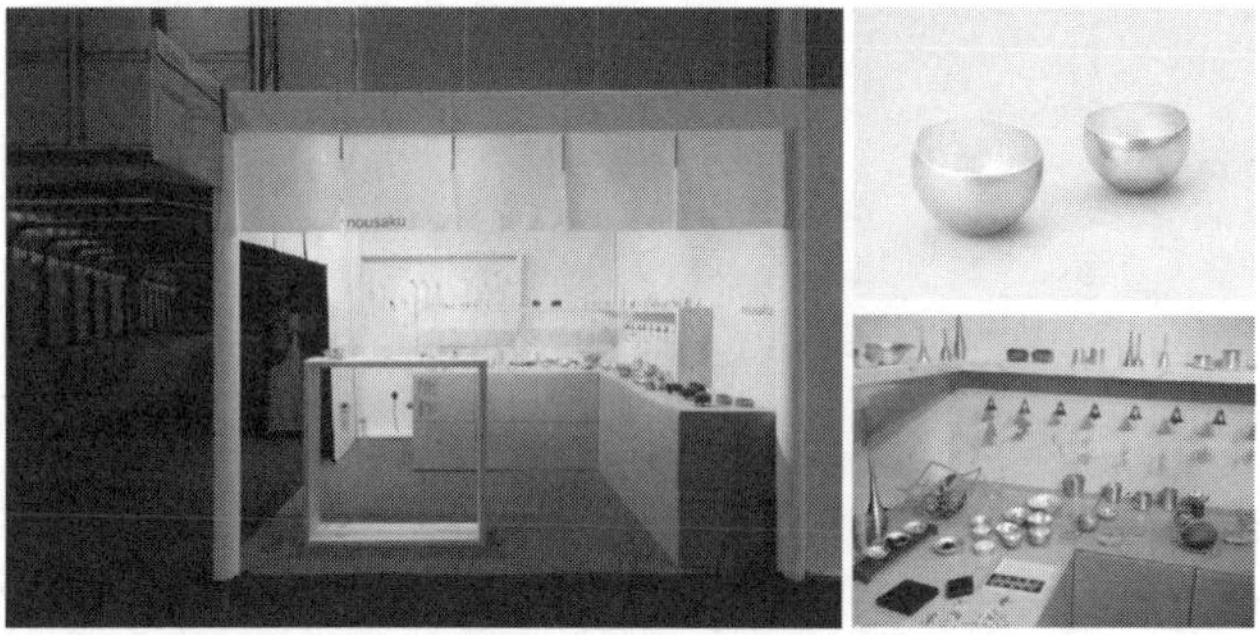

出所：（株）能作

理由があります。

1つは先ほど言ったように金属はですね、やはり日本人より大陸のほうが金属に愛着を持っていますから、世界ブランドを目指すには非常によいなということと、JETROさんはいるのですがどっちかというと大企業向けで、中小零細産業には敷居が高いですね。うちの会社が先に出て、轍《わだち》をつけようということです。

写真7は忘れもしない第1回目、2010年1月、展示ブースを小泉誠さんにお願いしたわけですけれども、大失敗しました。なぜかっていうと、彼は段ボールや発泡スチロールでブースを作るのが得意なわけですね。で毎回それでやると、いやすご

いね、こんな素材でこんなかっこいいブースができるんだと言われるのですが、このときは海外の方に、能作さんお金が無かったのですね、貧乏ですねと言われました（笑）。海外の展示会はきちんとした作りじゃないとダメ。

海外への挑戦

２０１５年に出したSirhaという展示会、あとドイツのフランクフルト。ちゃんとした作りのブースでチャレンジしています。あと必需品としては椅子と机。向こうでは商談は必ず椅子と机なのですね。だからブースに椅子と机がないと、どこに座ったらいいのって必ず聞かれることもわかりました。

チャレンジもしていまして、食器を使ってもらおうということで、ディナーイベントをパリとかで行っていまして、最近結構大きなレストラン、有名なホテルにも納入しました。実際に使ってもらって、良さをわかってもらいたい。

5年間（注：講演時）やってきてわかったことなのですが、一番には、各国の文化を見

写真８　海外での展示会への出展（２）

2015 Sirha France

2015 Ambiente Frankfurt Germany

出所：（株）能作

据えた商品開発をしないとものは売れないと。日本で売れているから海外に持っていけば売れるというのは大間違いなんだと。

経験でいうと、韓国は箸を使うということで、箸置きを売り込みました。うんともすんとも言ってこないので、ソウルに行ってみました。すると韓国はお箸とスプーンを一緒に使うのですね。ですから、箸置きの大きさは日本のサイズの倍が必要だっていうこと、やっぱり文化の違いです。

獺祭《だっさい》っていうお酒、知ってますよね？その旭酒造の社長の桜井さんと『週刊ダイヤモンド』で対談したことがあって、桜井さんがこんなことを言っていました。「なんで日本人は、日本酒を売り込む時にぐい呑みを持って法被《はっぴ》を着ているんだ」と。「あれはちょっと失礼だ」と。桜井さんはタキシードを着てワイングラスでもてなすと。それが成功の要因だと言っていました。向こうの文化に敬意を表していると。そういうことが僕は非常に大事だと思います。

あともう一つ、日本のものづくりって世界で一番です。これは間違いないのです。相手先のブランドで技術を売ることもできると思いました。

フランスの文化を踏まえて作ったシルビーラインという、フランス人デザイナーのシルヴィ・アマールにデザインしてもらった食器。これはBtoCではなくてBtoBプロユースでダース売りしていますが、やっぱりフランス人がデザインしたものは、向こうで評判がよいですね。

地域のためにできること

写真9は先ほど言った子供たちの見学ですね。今、年間で1200人（注：講演時）、地元の子供たちが来ています。それ以外に最近、県外の小学生、中学生も来ています。

写真9　「ものづくりデザイン科」見学―地域の意識を変える―

出所：（株）能作

特に地元の子供たちに来てもらいたいと思っています。どこの産地もそうなのですけれど、伝統産業は既成概念で売上がどんどん落ちてきて、もうなくなると思われている。あるいは、おじいちゃんおばあちゃんしかやっていない産業だと思っている人がいっぱいいるのですよ。うちの会社に見学に来た子供たちに、いやそうじゃないのだよ、うちの会社は現場の職人さんの平均年齢32歳だと。現実を見せて、今から高岡銅器はまだまだ世界に通用するのだよと、高岡の良いところを必ず伝えるのですね。なんでそうするかというと、やっぱり子供たちが自分が住んでいるところが最高にいいところだと思うことが、地方創生の一番

写真10　職人展（日本橋三越・東京）―産地の意識を変える―

出所：（株）能作

の近道だと思っていまして、まず子供たちに、地元を愛する子供たちになってほしい。大学行ってですよ、どこの出身って訊かれて、答えられない人も結構いるのですよね。堂々と富山県高岡、高岡にこんなものがあるんだということを言ってもらえるような子になればですね、その地域は間違いなく創生すると思っています。

もう一つは、これはどこの伝統産業でも大問題なのですが、職人の技術がなくなってきています。高岡では職人さんのグループを作りまして、うちが素材を提供して職人さんに彫金などの加工を依頼します。それを日本橋三越、銀座三越で展示販売をして、外側にはこんな広い世界があるんだと

写真11　能作100周年事業―100のそろり―

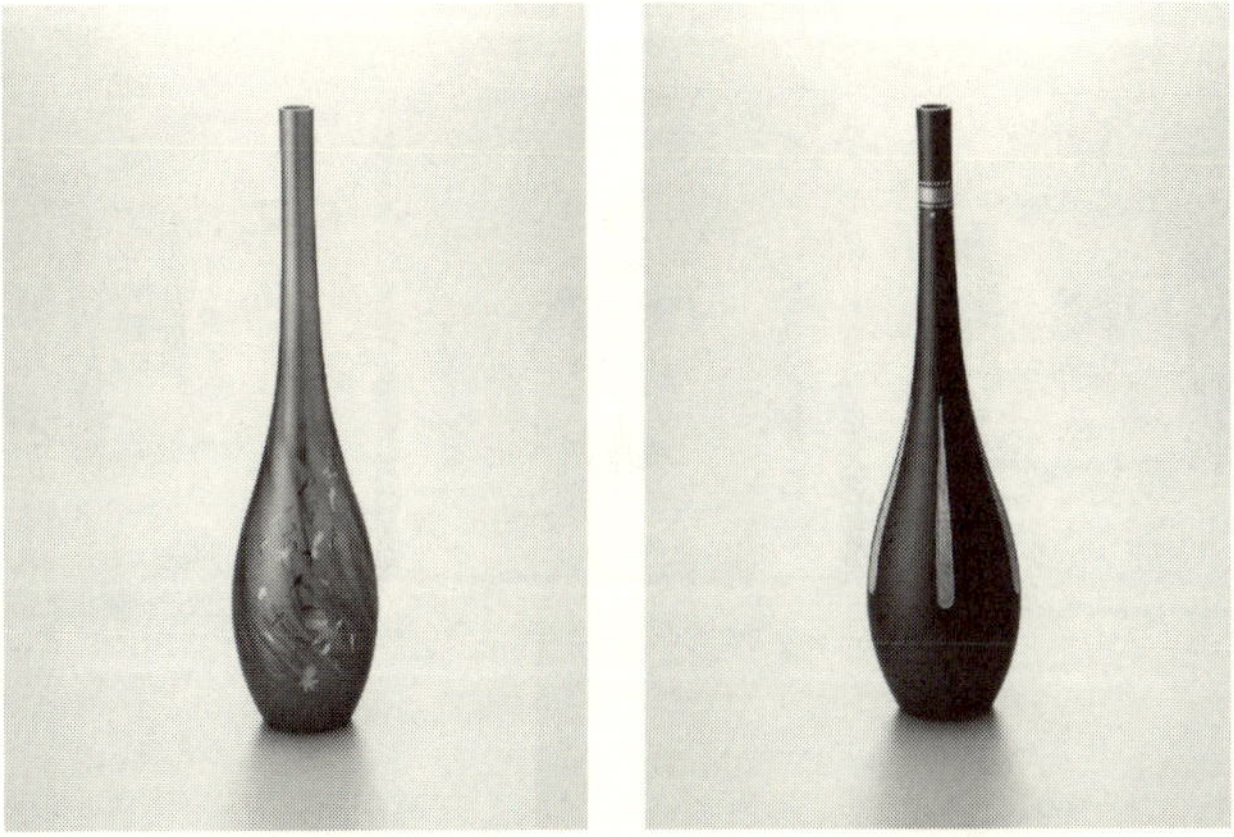

出所：（株）能作

いうことを知ってもらおうということで今やっています。

それでちょうど会社も100周年（注：講演時）になったので、100年記念事業をしようと。社内的には100年史を作ったらどうですかという意見があったのです。でも100年史なんていうのは自己満足ですよね。じゃぁ次の100年につながることをやろうと、100人の職人さんを集めまして、彫金・着色100通りの商品を作りました。

直近では1月に銀座松屋で展示会をやりましたし、9月には日本橋三越で展示会をやりました。これもですね、うちの会社がそうであったように、彼らにもっと外を見

写真12　日本の技術を世界に—舘鼻則孝氏とアートピースの制作—

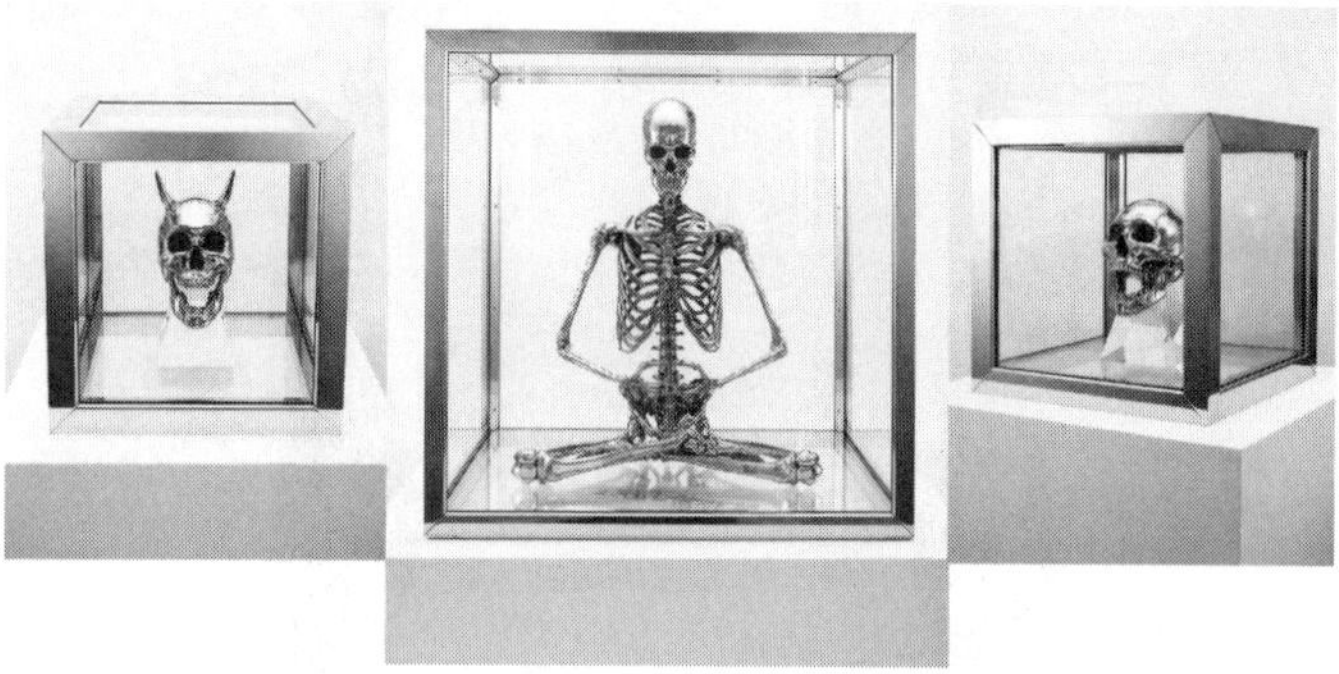

出所：（株）能作

てもらいたいと。さらにこの技術を見て後継者が出ればいいなと思っています。彼らのモチベーションを上げるには仕事を確保してあげることが大事かなって思っています。

舘鼻則孝《たてはなのりたか》って知っていますか？　東京芸大出身の今30歳の若いアーティスト。金沢の21世紀美術館館長の秋山さんに２０１２年頃、こんなことを言われました。能作さん、地元の技術、生活工芸でクラフトをどんどん作っていますが、日本の伝統産業がすばらしいのは、技術と、技術を生かしたアートです。能作からアートを出すということは、日本の伝統産業にも刺激を与えることになるから、アートを製作しなさいと。そういうこともあり、4年前（注：講演時）に舘鼻さんと出会いました。

舘鼻さんも、自分は大きなアーティストになりたいという希望を持っており、能作は日本のものづくりのすばらしさを世界に発信したいということで、一緒に製作しました。これは舘鼻則孝の骨格です。どのように作ったかというと、彼がＣＴに入り、輪切りになって1ミリの間隔でデータを取り出して原型を作り、それをうちで鋳造して、真鍮製で作りました。彼は184センチあるので、真ん中は184センチの骨格です。とりあえずパリ・ロンドン・ニューヨークで発表する予定なのですが、先に2015年の11月に東京で発表しました。実はその時に、左右の頭蓋骨を、とある美術館が所蔵したいということで売れました。ちなみに頭蓋骨は一体600万円。真ん中は3800万円です。真ん中はまだ売れていませんけれどね。舘鼻くんの夢は、これを買っていただいて、さらに骨格がオークションに出ることです。オークションに出るとすぐ1億円、2億円っていう金額になるのでアーティストの価値につながります。能作としては日本のものづくりを世界に伝えたいという意味でこういったことをやっています。

2008年からやっているのですが、障害者スポーツの支援をやっています。ボッチャという競技で、2016年のリオパラリンピックで銀メダルを獲得した競技ですね。この

写真13　障害者スポーツの支援

出所：（株）能作

真ん中にいる藤井さんていう、この子の支援を8年（注：講演時）やっていまして、銀メダルを取っちゃったのですね。胸に能作ってロゴ入れていつもやってくれているのですけれど、何もない時は誰も支援しますと言わないのですよ。ところが銀メダルを取ったとたん、いろんな企業がスポンサーをやらしてくれって言ってきたのですが、彼女は頑固で、「私は能作さんに初めから支えてもらっているから、この胸の広告ポジションは絶対に能作さんだ」と。他の人は全部袖に入れるって言っていましたね。

あと、ドラえもんグッズもやっていきます。何でかというとですね、知らない人が多いのですが、藤子不二雄先生が高岡の出身なのです。小学館から、能作さん何か作らないかと声がかかったので、やりました。風鈴やペーパーウェイト、タイム風呂敷の模様の小皿。まだ地元でしか売っていないのですが、やっぱりドラえもんはファン多いですよ。めちゃくちゃ売れています。さらにどうしてもやりたいものがあって、曲がるKAGOってありますよね。のび太のKAGOを作りたいのです。のび太の形を伸ばして使う。伸ばすとKAGOになります。名前はのびのび太っていう（笑）。この間、小学館にこの話をしたら大笑いされて終わっちゃいました。でもやりたいなと思っています。

今ではキャラクター製品が結構増えているのですね。サンリオが8年くらい前（注：講演時）から能作とやりたいってずっと言ってくれていましたが、能作のブランドイメージとキティちゃんが合わないのでずっと断っていた。そんなときにバンダイから電話が来まして、ガンダムのぐい呑みを作ってくれないかということがありました。ガンダムとザクの2つを作ったのですが、僕はガンダム世代じゃないので、その話があったときに、ガンダムなんか層が薄いから作っていいよって言っちゃったのです。ところが、大変な反響になりまして、ネット販売で最初は300個販売したのですが初日完売なのですね。すぐに追加で販売したのですが即完売ですね。結局は1200個作ることになりまして、朝の「Z

ＩＰ！」という番組で紹介されました。

続いて円谷プロから電話がありまして、ウルトラマン作ってくれと。今ウルトラマンとバルタン星人の制作中で11月に発売予定です。何か最近、路線がズレだしていますよね（笑）。インテリア製品に興味がある人は能作のことも知っている人が多い。ところが、それ以外の人はほとんど能作を知らないのですね。ですので、キャラクターアイテムを通じて能作を伝えられるのでいいと思います。

よく中小企業の人でもう「うちはこれだけやったから十分」という人がいるのですが、中小企業で「これだけやって十分」なんてことはありえない。この間、名古屋のＪＲ高島屋にオープンした直営店で、最初の10日間に来たお客さんでうちのことを知っている人がどれぐらいいるか調べてくれって言ったのですよ。そうしたところ20％。５人に１人が能作を知っている。ところが残りの80％の人は知らないっていう。逆にいえば、まだまだ売れるのですよ。そこにどう知ってもらおうかというときには、実はこういうアイテムが非常に効果的。アニメ好きの人がインテリア好きとは限らない。ですから、こういうことをしていきたいと思っています。

結果的にどうなったかというと、２００３年が商品開発を始めた年なのですが、その時

資料6　能作の県内・県外の売上水準

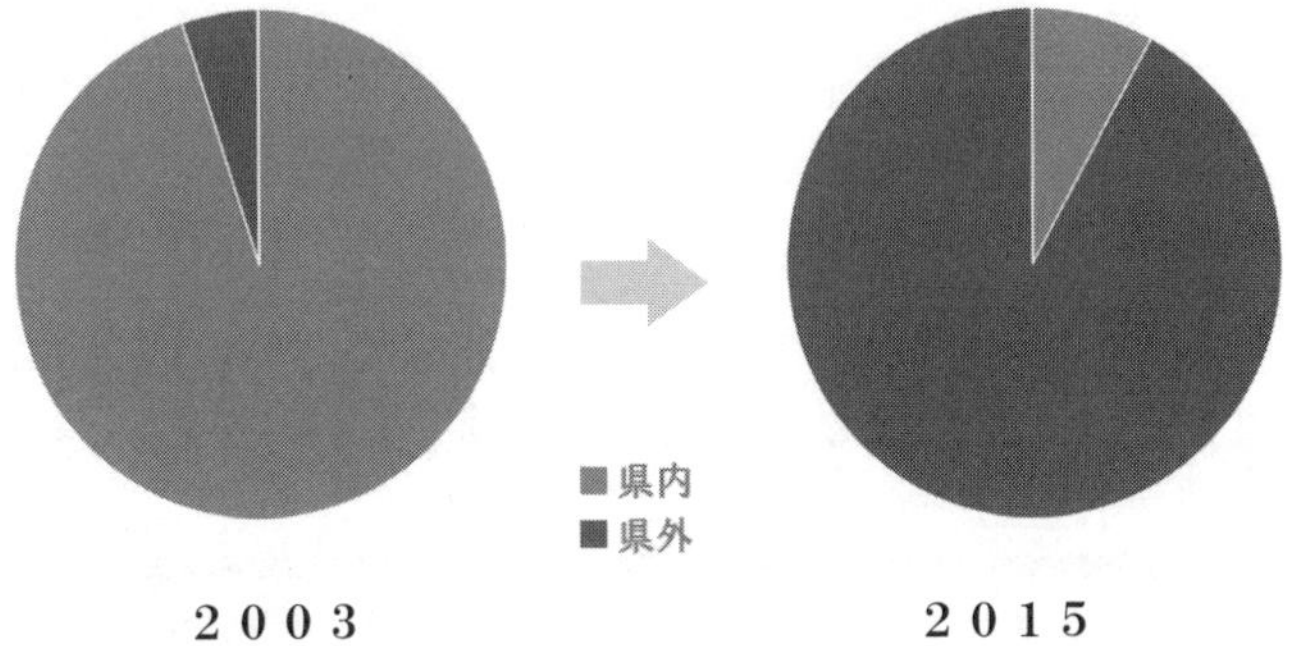

出所：(株) 能作

の県外の取引は5％くらいだったのですね。2016年にはこれが全く逆になりました。高岡の問屋さんの売上が5％、残りが新しい売上になりました。高岡の問屋さんの売上額は実はそんなに変わっていないのです。ですから、うちは売上が伸びたのでこうなったと。

絶対自慢して言えることは、この増えた売上っていうのは、競争で取った売上じゃないのです。全部新しい商品で新しい販路開拓をして作った売上なので、高岡のあるいは富山県の総生産額を増やしたという自信があります。

これ、僕が高岡来てからの売上のグラフですね。高岡って右肩下がりなのですが、

資料７　能作の売上額の推移

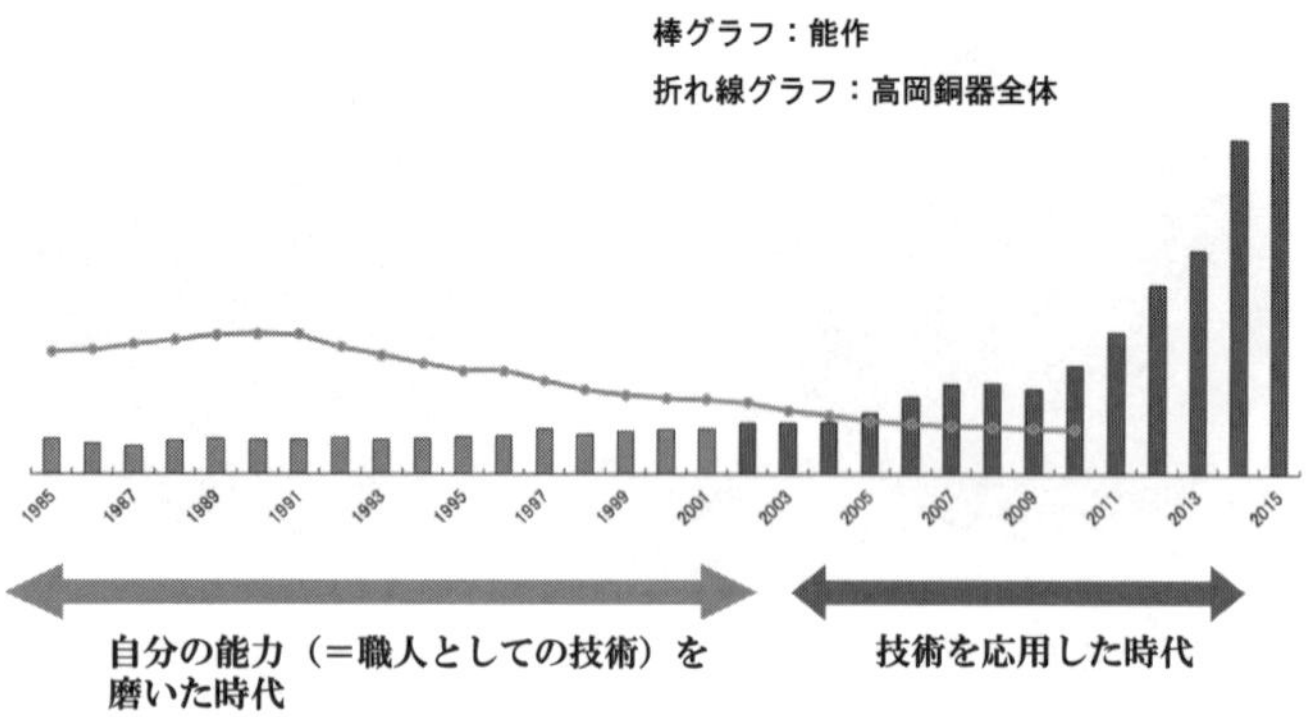

出所：（株）能作

うちの会社は少し売上が増えていました。多品種少量生産を目指したのと、問屋さんが便利がり、少しずつですが増えました。うちは営業しませんから急激に伸びることはなかったのですが、７～８年前（注：講演時）から２桁の伸びになりまして、今年も前年対比１１５％ですね。経常利益が19％と。なんで売上が伸びたかはわからないのです。ちょっと落ちているのがリーマンショックの時。うちの会社も売上が落ちたということがあったのですね。

最近いろんな賞をもらっています。

これがもらった賞なのですけれども今年、２０１６年ですね、三井が作ったゴールデン匠賞。三井さんていうのは人の三

資料8　受賞・認定の実績

2011年	「第一回　日本で一番大切にしたい会社」審査員特別賞受賞
2012年	日本鋳造工学会「castings of the year賞」受賞
	富山県「第一回 中小企業元気とやま賞」受賞
2013年	第五回ものづくり日本大賞 経済産業大臣賞受賞
2015年	富山県推奨とやまブランド認定
	EY アントレプレナーオブザイヤー東海北陸代表に選出
2016年	第一回三井ゴールデン匠賞　グランプリ　受賞

出所：（株）能作

井、ということで、たとえばゴールデングラブ賞ってありますよね。あれ何かっていうと、守備に与える賞なのですよ。普通はバッター、ピッチャーなんだけれど、日頃日の目を見ない守備に賞を与える。それと同じで、匠とか職人というのもなかなか日の目を見ないということで、第1回三井ゴールデン匠賞グランプリをいただきました。名誉よりもっとうれしかったのは賞金100万円。（笑）

あと2013年、これはものづくり日本大賞ですね。日本ではものづくりの一番高いとされる賞ですね。これはシリコーン鋳造でいただきました。

それと富山県ですね。富山県推奨とやま

ブランドに認定されました。これは何かっていうと、富山空港を降りると階段の正面に、富山ブランドの認定しましたというパネルが貼ってあるのです。一般的にはブリ、寒ブリのブリ、ホタルイカ、ますの寿司、という大きいくくりで認定されているのですが、うちは能作の錫製品というので入り、富山県のブランドになりまして、地元の記念品などになっています。

産業観光についての話をちょっとしたいと思います。

うちの会社は今すごい人が来ているのですよ。昨年（注：講演時）6000人、その前も4000人来ていました。今年はおそらく1万人くらい。新しい社屋を建設中で、産業観光に特化しようと思っていまして、その話をしたいと思います。

まず直営店が増えているので、うちを直営店で知ってもらい、能作と地域に興味を持ってもらって来てもらおうという考え方。

直営店ですね。日本橋三越1号店、銀座松屋、パレスホテル、阪急でやっています。おもしろいでしょ、日本橋三越だけ「高岡能作」って名前なのです。なんでかっていうと、1号店を出す時に、よく「東京なんとか」とか「金沢なんとか」っていう店名がありますよね。それがすごい癪だったのですよね。絶対うちは高岡つけてやろうっていうので、高

写真14　直営店による情報発信

出所：（株）能作

岡能作にしました。でも大失敗しました。3ヵ月経ってこの店に行った時に、僕のことを高岡さんって言う人が多くなった。要するに、苗字が高岡で名前が能作だと思っているという（笑）、それぐらい高岡は有名じゃないということで、2号店からは能作にしました。ここで見てもらって興味をもってもらい、それで来てもらって、さらに地域に興味をもってもらえたらいいのかなということでやってきました。

これ実際の工場見学なのですね。うちの特徴は職人さんと同じポジションで見られるということなのです。これは非常に大事なのですね。職人さんもモチベーションが上がるのです、いろんな声が聞こえるの

写真15　会社見学

出所：（株）能作

で。何よりですね、お客さんが来ると工場がきれいになるのです。これは玄関がきれいになるのと同じなのです。

産業観光の効果は、社員の意識の向上と社内活性化につながっていると思います。一般の工場は危ないから見せないとか、邪魔だっていうのですけれど、絶対そうじゃないと思っていて、うちの会社は産業観光に特化するための工場見学と考えています。

これは２０１７年の４月にオープンする予定で今建築中（注：現在は完成済み）なのですが、敷地面積が４２００坪ありまして、そこに工場全部を移転して産業観光を狙います。どんなことをやるかっていうとカフェレストラン。うちの食器を使ったカ

資料9　オフィスパークへの移転

■産業観光を重視
■カフェレストラン　見学コースの充実・工房等
■プロジェクションマッピングによる産業観光
■外国人の目線で見た富山県

出所：（株）能作

フェレストランで60席設けました。それから見学コースと体験工房を作りました。相当広いスペースなので、富山県の形をしたテーブルを作って、3メートルのテーブルなのですが、そこにプロジェクションマッピング。テーブルマッピングってのがあるのですよ。ドイツのレストランで小人がテーブル上に出てきて料理を作って、最後同じものが出てくる。あの画像を見たときに超感動しまして同じものをやりたいと言って作っています。

私のポリシー

先ほど言いましたけれど、日本の社会というのはですね、争う競争ではなくて共に想い共に創る共創の時代に、というふうに思っています。

もうこれで1時間過ぎてしまったのですが、実は高岡に来て32年間（注：講演時）変わらないことがありまして、それは何かっていうと自分のポリシーですね。これは変えずに32年間やっています。それは何かっていうと、続けることが大事です。よく3年やったからいい、これでいいって、それじゃダメなのですよ。どんなことも続けていると必ず成功するときがきます。途中で諦めたら終わり。一升瓶の水を抜く時に、だーっと水を流すのですけれど、口をふさいで振り続けると渦ができます。水を一回止めたら、できかけた渦は消えます。要するに、全部また同じことやらなきゃいけない。一回休憩するとか一年間やめるなんていうのは、元に戻ると思っています。

あと、昔はよかったとか、昔は儲かったねなど、そんな過ぎたこと言ってもしょうがないのですよ。時間は今から先にしかないのですよ。そう考えると今を大事に、すると未来が開けるというふうに思っています。

人生の枝分かれというか、選択肢って皆さんあると思うのですけれども、右と左の枝が出てきて、さあどっち取ろうというときに、結婚と同じなのでしょうね。自分が決めた枝以外の枝は朽ちてなくなっているというふうに思うことが大事なのですね。こっちの枝のほうがよかったなんて考えたって、何も出てこないですね。そこにいけないわけで、絶対に自分が選んだ枝に自信があればもういらないんだというふうに思っていくこと。

あとは仕事を楽しむこと。

僕は朝6時に会社に入って、若い頃は11時まで仕事をしていましたね。土日も仕事していました。今は8時ごろ帰っていますね、最近疲れる。けれどもよく言われるのですよ、同業者さんに。能作さん、なんでそんなに仕事しているの。よく貧乏暇なしだと答えるのですが、本当の答えは仕事が楽しいからです、楽しいといろんな情報が自分に留まるのです。嫌々やっていると、どんなに良い情報も自分には留まらない。だから仕事を楽しむことは非常に大事だと思っています。

それと何度も言っていますが、地域社会への貢献が一番。

うちの会社は営業がいないのですけれども、実は営業をしてもらっている人はいっぱいいるのです。誰かっていうと高岡市民や富山県民。うちの商品を買って県外に持っていって、これは高岡の能作という会社が作った商品だよ、というふうに宣伝してくれています。何でそうしてくれるかっていうと、能作が地域のためにがんばってくれていると思っている方が多いからです。最近、地元のテレビとか新聞とかによく出ているので、知らない人から「能作さん」って声がかかったりするのです。半分の人は、「地域のためにがんばってください」と言ってくれます。企業はそうあるべきだと僕は思っているので、ある意味地域へ恩返しっていうのを、どんな形でできるかわかんないですけれど、やっていきたいというふうに思っています。

あと造語なのですけれど、グローカルって聞いたことあると思うのですけれど、世界規模で物事を考えて地域に貢献しなさいということ。うちが生産で忙しくて手が足りなくなった場合は、高岡のみなさんが助けてくれる。海外生産はしない、買ってもらう場所にしたい。

一番は高岡に同規模の会社がいっぱいできること。一社だけが大きくなるってのは地域にとってよくないです。一社が潰れると全員が潰れちゃう。過去ありました。大きくなっちゃってそこがダメになるとみんなダメになるって。おかげさまで高岡も、今分業制の一番下のメーカーであるうちが、ある程度成功しているので、全体が非常に元気になってきました。

ブランドもたくさん出まして、二上という真鍮のブランドとか、「すずがみ」っていう商品とか、高田製作所とか、すごいブランドが出てきました。2012年かな、すずがみを作っている島谷がうちの会社に来まして、能作さん、こんなことやりたいんだけれどいいですか?と。その時言っていたのは「錫って高いのです。うちは資金力もないし、錫が買えない」って言ったのです。じゃあわかったと、うちから10本単位で買えばと。彼はかなり大きい仕事になったのですが、律儀にも、錫の材料は今でもうちから買っている。

これって大事なことで、「能作さん、今すずがみってすごい売れているけれど大丈夫なの?」なんて言われるのです。「あーそこはね、材料うちから買っているのですよ」「あーそんな関係なんだ」と言ってくれる。すずがみも同じで、「どんどん出ているけれど、能作さん大丈夫なの」って言われたときに、「すずがみは、材料は能作から買っているのですよ」って言うと、あぁそういう関係の産地なんだな、まぁそう思ってもらえるということが非常に大事でして、さっきの争いごとしている場合じゃないですけれど、同じ想いで作っているんだよということを伝えたいと思っています。

これで講義は終えて、今から質問を受けたいと思います。

【長沢】　どうもありがとうございました。（拍手）

質疑応答

【川村（質問者）】　本日は貴重なお話をいただきましてありがとうございます。長沢ゼミM2の川村と申します。ほんとにすばらしいお話をいろいろ聞けて、すごく楽しく拝聴しました。2点ほどお尋ねできればと思います。

先ほど流通について、特に直営店についていろいろとお話いただきましたけれど、何かきっかけがあったのでしょうか。

【能作】　実は日本橋三越のほうから出店してくれと言われたのです。これがきっかけです。最初は、その日本橋界隈に卸していたので、メーカーが直営店を出すことはどうかなと思ったのです。で何回か断ったのですけれど、知り合いとかデザイナーが日本橋三越はちょっと位の違うデパートだからって言われて、実は渋々出しました。

今出している直営店は、ほとんどは向こうからの依頼なのです。パレスホテルの事務所は、三菱地所が来ましてパレス側が能作さんの出店を希望しているので、考えてくれって言われたのですよ。この時は日本橋三越、銀座松屋がありましたので、丸の内はいらないよ近いから、って言っていたのですね。でも足しげく通ってきて何とか考え直して、どんな条件でも聞くからって言われたので、じゃあちっちゃな事務所が欲しい。（笑）

じゃあこの場所にどうですかと、三越と松屋にはストックヤードがないので、建物のその半分をストックヤードにしていいと。あとは家賃の問題がありまして、そんなに高いのは無理だって言ったら、どんだけならいい、って言ってきたので、極端に安い値段言ったのですけれど、オーケーということになりまして。後で聞いた話なのですけれども、総支配人の渡辺さんていうのですけれども、彼がうちの商品の大ファンでいつも松屋に通っていたらしいのですね。でも邪魔くさいからこっち連れてこいということで（笑）、そういうような形になりました。実は今も声がかかっているデパートがありまして、どこかというと神戸の大丸なのですけれど、２０１７年の4月にリニューアルするから出店してほしいと。

【川村】 ありがとうございました。もう一点お訊きしたいと思います。ちょうど先週末、新潟の玉川堂さんに伺いました。玉川堂さんもちょうど200周年、能作さん100周年ということでいろいろ交流もあるとお伺いしました。なかなか日本の企業の中でも100年続く企業って少ないと思うのですね。100年続く、そしてこれからも続いていくというために、何か社長なりに感じたこと、思われることがあれば伺いたく思います。

【能作】 そうですね、玉川堂200年で、実は中川政七商店も300年ですから、300、200、100と、うちが一番若造なのですが、周年記念でちょうど日曜日にトークショーをやったのです。その中で思ったこと。結局、時代に合った仕事をしてきたかどうかってことなのですね。うちの会社も100年（注：講演時）やっていますけれども、最初仏具に始まって、戦争になってなくなって、どうしたかっていうと、ありものを使って洗面器とかを作ったのですね。そこでまた時代に合った生き方をしていかないと絶対にうまくいかないと思うのですよ。

それと伝統は革新だといいますけれども、新しいチャレンジをしていかないとこれも消えてしまう。いま高岡が大ピンチで、仏具が全国的に売れなくなってきました。なぜかというと仏壇スタイルがどうもなくなってきているのではないかなという恐れがあります。で、みんな慌てるわけですよ。どうしよう、うちが作っている仏具が売れなくなってきた。

その時点で新しいものを考えても絶対に成功しないと思います。やっぱりそれは多少余力を持った時点で、新しいところにどんどん行かないと、そんな急に持っていけないわけです。今は逆にいうと、いつもそういう新しい目線を持って新しいことにチャレンジをしていくっていうのを随時やっていかないと。だからこれからの100年でも同じことでして、今も、これ芽が出るかわからないですけれど、今非常に新しいことをやっています。

【川村】 ありがとうございました。

【加藤（質問者）】 今日はありがとうございました。長沢ゼミの1年生の加藤と申します。今日はすごく楽しみにしていました。実は先日、私の結婚式の引き出物で能作さんのものを使わせていただきました。

今、長沢ゼミの研究で「実演」というところに興味がありまして、それについて伺いたいと思います。先ほど工場見学ということで一般に開放して見ていただいているとおっしゃっていたのですけれども、たとえばデパートとか、展示のようなものをやっている中で職人の方が実際に作っているところを見せるということも実演ということになると思います。そういったことをやってらっしゃるかどうか、もしやっていらっしゃるとしたらそれは何を狙ってやってらっしゃるか、そしてさらにそこで効果がどうかというところまでお話をお伺いできたらと思います。

【能作】 まず鋳物の場合は、火をもって焚かなきゃいけない。建物の中ではなかなかできないというデメリットがあります。だけれど、それでもたまに表参道ヒルズの中とか、あるいはこの間は21_21 DESIGN SIGHT、ミッドタウンの美術館ですがそこで、火を焚かずに、家庭用の電熱線を持っていって錫の鋳物をやりました。やっぱり最近ですね、作っている現場が見たいと言う方が非常に多いのですね。そこで見てもらうとなおさらですね、ほんとに作っている所に行きたいと言う人が増えるので、そういう効果もあるのかなというふうに思っています。

あとは、うちの会社は来年（２０１７年）、おそらく年間1万人ぐらい来るのではないかなと思っているのですけれども、よくやるやり方として、たとえば富山のお菓子とか置くと売れると思うのですけれど、うちは一切それをやらないのですよ。うちの商品以外は置きません。何か欲しいと言う人はそこに行きなさいと誘導しようと思っています。要するに、産業観光のハブ的な要素になりたいと思って今やっています。

ただ問題は、産業観光って儲からないのですね。でも実習ではプレートを作るのに３０００円とか小さなメダル２０００円とかっていうのはあるのですけれども、来られたお客さんに見てもらうのは全部タダなのですよ。今現在も8人ぐらいが自分の仕事を持ちながら対応しているのですけれども、つい先日、民間企業ではありえないと思うのですけれども、産業観光部っていうのを作りまして、6人で専任でやろうとしています。彼らに言ったのは、今はいいけれど、ちゃんと儲かる仕組みを作れと。うちが儲けないと他の人がやらないよって言いました。うちががんばってブランド築いたら、みんなやり出したのです。産業観光も一緒で、誰かがやって儲かったって噂が広がると皆やり出すのです。今それを狙って、新しい産業観光部というのをやっています。

ぜひ皆さん、今すぐいらしていただいてもいいのですけれど、4月以降、新社屋にはぜひ来てほしいと思います。ただ今旧社屋へ来たほうが絶対得です。なぜかというと、歴史がありますので重みがある現場が見られます。ところが新社屋はとてもきれいですから、重みがないのですよね。高岡の着色は古く見せることが得意なので、どうしようかというという話が今出ているのですけれども、まあどうせこの5年10年もしたら汚れて重みができるからやめようというふうに話して（笑）。そんな感じで見学とか実習とかチャンスがあればいらしていただきたいなというふうに思っています。

【加藤】 ありがとうございます。

【沈（質問者）】　全日制グローバル淺羽ゼミの沈と申します。先ほど、県内と県外の比較があったと思います。海外と国内の売上の比較や、見込みのある地域とかを教えてください。

【能作】　なるほど。実は海外チャレンジってめちゃくちゃ大変なのですよ。もちろん場所の遠いのもあるし、うちの場合はもう完全に入金をしないと送らないというシステムにしているので取りっぱぐれはないのですけれども、総売上の海外売上って5％くらいしかないのですね。これを20～30％くらいに上げたい。

だんだんわかってきたことっていうのは、ヨーロッパはだめですね。ケチです。まずあまりお金がないので（笑）。市場としてあるならばアメリカ。ニューヨークなんかちょうどいいと思っているのですが、アメリカはいいと思います。あとは東南アジア、相当変わっていきますこ。この間、台湾やバンコクでトークショーをやってきたのですけれども、もう台湾にしても金持ちがめちゃくちゃ多いですね。バンコクとかシンガポールは、相続税がないのです。ですからお金持ちは一生お金持ちという世界なので、桁が違うのです。おもしろかったのは、バンコクの働いている人の総収入って月に3～5万円で、そんな中でうちの商品は何千円もする。売れないと思うのですがそうじゃない。富裕層が、全部在庫も下さいって言っていました。東南アジアはこれからまだまだ伸びると思います。いかにそこに入っていくか。台湾とかバンコクはいいです、親日派なので。結構日本人としては仕事しやすいのですけれど、問題は中国。日本人とうまくいってませんから、ここでうまくやるのは大変かなと思います。

【沈】 私、韓国出身なので。

【能作】 ごめんなさい。（笑）

【沈】 先ほどの箸置き、日本に来たときに気づいたことなのですけれど、短くて箸を置けないのが多くて、お土産として買って送りたいのですけれどそれができない。

【能作】 大きいサイズ作っていますのでカタログに載っています（笑）。カトラリーレストっていうので。

僕も韓国好きですよ。ソウルが大好きなのですよね。東南アジアね、好きな場所が多いのですが、でも大好きなのは台湾。台湾とソウルはどこに行っても好きなのですよ。なぜかというと、故郷に帰ったような気がしていて。出身は福井なのですけれど、福井って福井弁って独特の言い回しがありまして、語尾を「ねえ～」と、韓国と一緒なのですよ。あの地域の人たちは韓国好きな人が多いのではないかと僕は思うですけれど、そうゆう土地柄と思います。

【沈】　ありがとうございます。

【長沢】　ちなみに今カトラリーという言葉が出ましたが、日本人に通用しますか。

【能作】　そんなにしないですね。箸置きのほうが通用するのですけれど、あ、そっか、海外に行ったからそう思うだけなのか、一般の人たちにカトラリー知っていますか、っていうと、知っている人多いでしょ、最近は。

【飯坂（質問者）】　今日はありがとうございました。飯坂と申します。私は富山県出身で14年前にこちらに来てしまったのですけれども、生まれも育ちも富山市です。

【能作】　あーそうなのですね、はい。

【飯坂】　富山大学の近くの五福というところです。

【能作】　はい、わかります。

【飯坂】　なので、富山の産業のこととかはある程度は知っておりまして、その中でやっぱり能作さんブランドというか、企業としての規模は富山県では他に比較して無いという印象を持っています。たとえば同じ伝統工芸でいうと、富山の桂樹舎和紙だったりとか、高岡には漆器もあったり、富山にも他に伝統工芸がいろいろあると思いますけれども、その中で御社が抜きん出ているところがあると思います。

それは、ご自身ではどういうことが違いだというふうに思っていらっしゃいますか。たとえば、能作さんがいらっしゃったおかげで、イノベーションが起きて売上が上がって、いろいろ多様化してきたというのがあると思います。富山の産業というのは、すごくいいものを作っているのだけれども、プロモーションが下手というのを富山でよく聞きます。やっぱり、なかなか日の目を見ないというところがある中で、その辺をご自身ではどういう違いがあると思っていらっしゃいますか。

【能作】 最近、ブランドになったねって言われるのですけれど、ブランドを作ろうと思ったことはこれぽっちもなくて、そういうふうに言われ出して逆に緊張しています。ブランドなんて作るものではないのですよ。認められて初めてブランドになるのですよ、と思ったりしています。

そうですね、質問に関して言うとですね、僕はさっき言ったように仕事が大好きなので、人生の円グラフっていうのがあって、人生の円グラフってのは100%みんな同じ大きさなのですよね。ただこの中のパーセントを何に使っているか、僕は家庭に50%使います、仕事は30でいいです、って言う人も中にいるわけですね。趣味に20使いますと。僕はおそらく100%のうち75%、仕事を選んでいるのです。そういう生き方なので、これが決していいわけではないのですが、家族は置き去りとかね。一番悪いのは、100%の円グラフをフルに使っていない人がいるということです。一生80で送ろうとしても、これもったいないと思うのですね。だから僕はそういう考え方で仕事が好きなのでやってきたっていうことなのですけれど、あと、富山県出身ではないので見方が違ったりとかですね。

自分のお父さん・おじいちゃんが鋳物屋さんだったから、じいちゃんはこうやっていた、お父さんはこうやっていたから、あとはこうだと思う、それは答えじゃないのです。僕なんか疑り深いほうなので、全部自分でやってみてこれは正しい、これは違っているっていうふうに、伸ばしたっていうのがあります。18年職人をやっていたというのが非常に良い経験でして、それがあるからいろんな迷いが来てもすぐに決められる、ということがあります。

うちの会社は、先ほど言ったように平均年齢が30代なのですね。僕が一番年寄りなのです、58(注:講演時)なのですけれど。今、一番悩んでいるのは、次の跡取りをどうするかということ。正直にいって決めてはいるのですけれど、長女に取らせようと思っていまして、お婿さんは今現場にいます。三女の旦那も会社にいるのですけれど、この2人が話をして長女を盛り上げていく。なんでそうせざるを得ないかっていうとですね、うちの会社はある意味、僕が顔になっちゃったのです、能作社長イコール、っていう。直系が一番継ぎやすい、と僕は思うのです。人情とか温かみを持たせるには、あ、社長の娘なんだ、っていうそういうイメージをどっかにつけたいなと思っていて。それと最近、女性の社長っての結構増えましたし、うちの会社もそうですね、女性がほんとにいいのですよ。ですから、そういうことも考えて。

余談ですけれど、おもしろい話が一つありまして…。最近新卒募集はしていないのですけれども、毎年必ず7〜8人来るのですよ。めったに採用しないのですが、中にはものすごい熱心な人がいて、5〜6回来たりする。そういうやつは根負けして会社に入れるのですけれど、これホントの話なのですけれど、日本橋三越に荻原っていう女性がいて、社員です。72歳なのですよ。65歳で入社したのです、彼女はね。初めて会った時に正直、バラ色のオーラを感じたのです、この人はすごいと。もともと銀行にいたのですね。専業主婦をしていて入りたいって来たのですが、採用したところ、三越でも驚くべき販売能力がある人で、三越から三越の社員に向けて講演してほしいと言われました。彼女の素の姿なのですね。僕のことを伝えるのです。なぜかっていうと、入社したときに履歴書を持ってきたのですけれど、彼女にとっては僕が履歴書を見ずに65歳の私を引き受けてくれたっていうことをすごく恩義に感じてくれたみたいで、とにかくお客さんに「うちの社長はね、こんな人なんだ」って、どんどんどんどん伝えてくれるのです。いい意味で。

一回びっくりしたのが、うちの娘がYahoo!の知恵袋を見ていた時に、「ベストアンサーの中に能作が出ているよ」っていうふうに言うのです。見てみたら「いつも履歴書を持って面接に行ってもなかなか決まらん」という人のベストアンサーの中に、「富山県の能作という社長は履歴書を見ずに決めるそうです」と（笑）。だから、荻原が言った言葉がそこまでいっちゃったという、すごいと思う。

僕はいつもうちの会社に来る人に聞くことがあって、車を停めた場所。駐車場があるのですけれど、ずうずうしい人間は来客用の駐車場にどーんと停めるのですけれど、ほんとに慎ましい人は会社の敷地内に入れない、ということがあります。これはもうほぼ当たります。気配りのできる人は大事です。そういうところってすごく大事で、会社って協調性じゃないですか。後半は余計な答えだったと思うのですけれども。

【飯坂】ありがとうございます。

【長沢】ではちょっと関連して質問です。日本では「出る杭は打たれる」と言いますが、能作さんが、こう伸び出して、他社からどうこう言われるということはなかったのでしょうか。そもそも、新製品を出し始めた時というのは、能作社長が経営に参画された時と思っていいのでしょうか。

【能作】 僕が代表になった、1年目に商品開発を始めました。

【長沢】 そうすると今度の若社長がとんでもないことをすると、古参の社員あるいは先代の社長というか、お父様、前社長が……。

【能作】 その辺はちょっと大変でしたよ。さっき言ったみたいに僕は忘れちゃうのであんまり言わないのですけれど、伝統の世界というのは、大変。職人さんが、特に錫の100%のものを出し始めた時が大変でしたよ。こんなもの鋳物にならんとか、こんな曲がってしまうのを作ってどうすると大騒ぎして。そこで僕が18年職人やっていましたから自分で鋳造の型を起こして、錫を流し込んでほらできるやろうと見せると、職人さん何も言わなくなるのですよ。それができた立場だったというのが非常にありがたいなと思いました。

あと封建的なところですから、うちのおやじさんもあれこれ大反対。私もお婿さんの立場でありますし、言われたのは「お前が代表になったら好きなことやっていい」。やっぱりずっと圧迫されていまして、そうゆう時期もありました。代表になって好きなことやり始めたら一気に売れ出したという感じなのですね。

最後に、うちの社員が作ったパワーポイントスライドがあります（掲載省略）。何かっていうとですね、僕が高岡に来て4年か5年くらいです、親子連れが急に見学に来たのです。その頃見学者がめずらしかったので、技術を見せようとがんばりました。その時のお母さんが、僕たちを指さして「よく見なさいよ、勉強しなかったらこんな仕事になるのよ」って言うのです。あの当時、職人たちの地位が低かったのです。「夢の扉」という番組で取り上げられたことがありまして、そのことがあって、今は見学してもらって、もっとよく事業について知ってもらう。地元の誇りの企業になりたいとの想いがあります。以前は大阪にいたのですけれど、能作に来たら給料が13万円。うちのカミさんはうちの会社にいなくて、ＥＣＣという英語教室をやっていたので、そっちのほうが収入が多かった。そこそこの収入まで自分でがんばってやってやろうと。あと、何とか職人さんの給料も上げたいと…。会社をなんとかしたいと思って、今度は地域を何とかしたい、日本の伝統産業をなんとかしたいと思っています。

【長沢】　同業とは言いませんが、地域の他社がやっかみ、足を引っ張るということはなかったのでしょうか。

【能作】 出る杭は打たれるっていうのですけれど、うちの場合は問屋さんが販路開拓してなかったところに行くようにしたのです。だから叩かれないし、僕は他の誰も邪魔をしていない。絶対にこの作った売上は今までになかった売上というふうに自信を持っているので、最近は誰も言わなくなりました。出過ぎると誰も言わない。うちはメーカーの立場で出すぎたので、周りのメーカーさんもやりやすくなったのですね。見本を示したので、みんな自社商品を開発するようになりました。問屋さんでもブランド開発するようになりました。でも陰では言う人いますよ。そんなの気にしていたら何もできないですから。自分の道は間違っていないと思っています。

富山新聞という新聞社があるのですが、見出しで「問屋を排除した商品開発」という記事が出たことがありました。内容はそうじゃないのですけれど、周りのメーカーはみんな驚き、「大丈夫か」と。

やっぱり問屋さんの中にも味方がいるのです。たとえば仏具の問屋さんが集まった時に、最近能作が商品開発を行っているぞ、と。その人はどう言ったかというと、能作にどのくらい仕事出したと。メーカーだって飯食えんぞ、というふうに。やっぱりその人もうちも大好きなのですけれど、昔からメーカーはちゃんと開発をすべきだと言う人でした。

【鍋島（質問者）】　本日はありがとうございました、鍋島と申します。今後の100年で世界のブランドとして見たときに、世界の能作と言われたいのか、高岡の地域創生につながっているように、高岡が良いものとして世界一というふうになりたいかということをお聞きしたいです。

というのも先週、筆の白鳳堂さんのお話を聞いたのですけれども（注：本書第4章参照）、講演された高本取締役は「地方の熊野筆っていうブランドっていうのはどうしても安物のイメージがあるから、白鳳堂の筆が世界のブランドとして認識されるようになりたい」ということをおっしゃっていました。販売方法も問屋さんを除いて、全部自分たちがデパートの社員に向けて本当の価値を伝えていくということでした。そこで、ブランドとしての能作が世界一になるのか、地域の高岡というところが世界に通用するというようにしたいのかというところをお訊きしたいです。

【能作】　高岡の地域性を出したいですね。さっき言ったように、うちの会社だけが大きくなってもだめで。いろんなブランドが連携しあって、高岡っていうものを一つ築いていければいいと思いました。特に高岡って知名度が低い場所なので、今考えているのが、ドラえもんの像を作りたいです。ポケットに子供たちが上がれるポイントを作って、新高岡っていう駅前にそれを作りたくて、今も結構話は進んでいます。10億かかるのですけれど、それが実現すればおそらく東南アジア、外国人さんもどんどんやってくるのがわかるし、まず全国的に有名になるじゃないですか、ドラえもんの像の建設を始めたっていう。そこを狙って高岡の知名度を上げたい。そうすれば伝統産業の株が上がるので。僕はどちらかというと会社より高岡です。

【鍋島】 ありがとうございました。

【鎌田（質問者）】 今日はありがとうございました。鎌田と申します。お伺いしたいのはメディアの使い方です。今おっしゃっていただいたように、新聞やネットなどいろいろあるわけですが、やはり今までのご講演の中の話だと、何かをきっかけにしてアプローチされて、それが出ていくようなメディアの露出というのが多いのかなという印象を持ったのですけれども、これからは自発的にメディアを活用していくということもだんだんだんだん求められていくのかな、と思います。そのあたり計画として何かありますか。

【能作】 そうですね。テレビですね。「ガイヤの夜明け」とか、向こうから入ってくる話なので。先ほど誰かも言っていたように日本人は何が悪いかっていうと、自分のことをはっきり伝えない人が多いと思うのですよ。海外でわかったことは、日本人は100点以上あるのに、謙遜して80点くらいかなって言い張るわけですよね。ところが、向こうの人は50点ぐらいしかないのに100点だと言うのです。この差はすごく大きいと思うので、メディア活用なんかは同じようなことが言えると思います。ただ、地元の新聞だけは結構活用させていただいています。というのは、うちに来ればみんな何か話題があると思っているので、どんどん連絡が入るのですね。僕はよく講演会で言うのですけれど、12月って一番狙い目なのですよ。各社1月の記事を集めたがるので、12月におもしろいことを企画して提供すると、1月1日、1月3日の新聞にどーんと大きく出たりするので、これは活用しなさいよというふうに言っています。

それと自信のあるものができたら、堂々と新聞社に電話したらいい。みんな遠慮するのですけれど、「こんなものを作ったのでぜひ取材してください」ということを伝えるべきだというふうに言っていますね。メディアはうまく活用すべきですね。

あとやっぱり、テレビは大きいですね。もうテレビの時代じゃないっていうけれども、でも特にNHKに乗るとですね、かなりいろんなものが売れたりします。NHKは、実は日経から動くことが多くて…。日経に出て、うちの場合ですね、結構大きく全国紙に載る。

今度はそれを見て、公共放送という中立の立場でやっているNHKが取り上げる。そういう連鎖が多いので、そういうのを考えたらどうですかというふうに言います。

たとえば、救心というお薬の会社の雑誌とかですね、結構取材要請があるのですね、商品貸してほしいとか。これは100%オーケーと答えます。さっき言ったように、うちのことを知らない人に知ってもらうためには、全然異文化の雑誌に載せてもらうほど有効なことはないということで。あと『家庭画報』の後ろのほうのページに見開きで出ているのですが、何かっていうと、家庭画報の年間購読者にうちの箸置きがもらえるという企画を持ってきました。実はこれ、ものすごく安いのですね。単価は合わないぐらい安いのですけれど、もうPRと思って出そうということで。全面広告で能作という名前が出る。こういうのはどんどん活用していくということがいいかなと思いました。今日もそうですね。こういうところでお話しすることによって、うちを知らなかった人に知ってもらえるチャンスでもあるし、こういう話は多くて年に50回か60回あるのですけれども、全部よっぽどバッティングしない限り断りません。やっぱり知ってもらいたいのです。

だからそういうことを心がけているので、とにかく僕の役目としては、一人の営業ですからね。とにかくうちの銅器を知ってもらうあるいは、高岡を知ってもらうというのが大事な役目と思っています。いいですか、よろしいですか。
【鎌田】 ありがとうございました。
【中祖（質問者）】 本日はまことにありがとうございます。中祖と申します。能作さんの商品は、先日富山県出身の友人の結婚式で、引き出物に風鈴をいただきました。それで「いいな」とイメージしていました。
質問は、海外に進出されたとのことですけれども、どれぐらいのベンチマークというか、スパンで考えていらっしゃるのかっていうのを伺いたいです。
【能作】 僕は10年だと思っています。今ちょうど6年目、あと4年で総売上の実際10％にしたいなと思っています。時間がかかるのですよ。だって海外もそうで、今年（注：講演時）6年目。もう売上ないからやめるって言ったら全部終わってしまうのですよね。続けていくと必ずどっかググっと来ますので、それを待っていると。国内もそれは同じです。成功するまで続ける。
【中祖】 国による違いはありますか。
【能作】 難しいのは、国によってスタイルが違っているじゃないですか。そこをどう捉えるか、それが問題でして、よく社員にも言うのですけれど、そこの土地に住んでいる人は当たり前になっちゃっているので、なかなかこう、聞き出せない。でもそこを何とか聞き出したいと。それによって作ることができるのではないか、それを今狙っていて、各国に合わせた商品開発を行っています。それはおそらく売れるものにつながると。アメリカで今大急ぎでやっているのが栓抜きなのです。それは日本では売れないです。コンビニに行っても王冠のついたものってない。ところがアメリカはビールを飲むとき、ビンのまま飲みます。富山県はお魚が美味しくて海から山を臨むことができる。他にない魅力なのですね。ところが、それが日常になるとなかなかわかんないのですね。だから案外ね、狭い目でものを見ちゃうと見えない、視野を広げるといろんなものが入ってくると思います。

【長沢】 ミラノの店も向こうから出てくれと言われて出たのですか。

【能作】 実は直営店ではないのですよ。パレスホテルのお客さんだったのですね。ロシアの貿易をやっているということで、奥様が欲しいと。たまたま高岡に来たときに、来るたびいつも数万円あるいは10万以上買っていく。「うちの家内がそのミラノに建物を買った」と。能作さんの商品を扱わせてほしいと。うちはリスクはないのです。能作という名前を使わせてくれと。ましてや直営店にしてほしい、という要望を受けました。

【長沢】 ドォーモのそばの良い所ですね。

【能作】　場所はめちゃくちゃいいですね。ドォーモから歩いて1分くらい。盛り上げてどうにかプロモーションしてあげたいですけれどね。なかなかね、ヨーロッパ全体が難しいですね。ただ、アメリカは今非常に拡大していますね。

【長沢】　予定時間を過ぎておりますが、毎回ゲストに担当者の特権で私が一つ、最後にお訊きしております。「能作らしさ」って何でしょうか。

【能作】　実は僕の個人のイメージになるのですが、絶えず休まずチャレンジをしていくということ、というふうに思っています。

【長沢】　ご講演を通して聴くとなるほどと納得がいきました。

能作社長は大変お忙しいところ、無理してお呼びして恐縮でした。とても良い話が聞けたと思います。最後に盛大な拍手をお願いします。（拍手）

〔注〕長沢伸也編著『日本の〝こだわり〟が世界を魅了する—熱烈なファンを生むブランドの構築』海文堂出版、2017年

2

株式会社 吉岡甚商店・京都絞り工芸館
――ブランドとは、昔のものを大切にしながら、今のものを取り入れること

ゲスト講師：株式会社　吉岡甚商店　代表取締役社長（京都絞り工芸館副館長）　吉岡信昌氏
開催形態：早稲田大学ビジネススクール「感性マーケティング論」〈第7回〉
日　時：2018年10月20日
会　場：早稲田大学早稲田キャンパス11号館901号室
対　象：WBS受講生

●会社概要●

株式会社吉岡甚商店

代表取締役社長：吉岡信昌

設　　立：1960年（昭和35年）

創　　業：1939年（昭和14年）

資 本 金：3,000万円

売 上 高：非公開

従 業 員：8名

所 在 地：

〒604-0000　京都市中京区油小路通り御池下る135-5

吉岡《よしおか》 信昌《のぶまさ》　略歴

1968年生まれ。

1991年　立命館大学法学部卒業

1991年　大倉商事株式会社入社

1996年　同社退社　株式会社吉岡甚商店入社

2004年　同社取締役社長就任

京の絞り職人衆京都絞栄会代表　京都絞り工芸館副館長

【長沢（司会）】　「感性マーケティング論」第7回目のゲスト講師として、株式会社吉岡甚商店 代表取締役社長　吉岡信昌様をお迎えしています。

東京・銀座での絞りフェアをたまたま見て、京都の本店もぜひと勧められて伺ったところ感銘を受けましたので、私の授業にお呼びしたという経緯です。それでは、吉岡社長にご登壇いただきます。拍手でお迎えください。（拍手）

【吉岡】　先ほどご紹介いただきました、吉岡甚商店の吉岡と申します。絞り染めといったら皆さんご存じでしょうかね。日本で一番古い染色技術になるんですけれども、絞り染め製品の製造をしております吉岡甚商店の社長、京都の絞り染めの職人グループ、京都絞栄会の代表、京都絞り工芸館の副館長、このような肩書きになっております。

まずは、簡単に絞り染めの技術を紹介するビデオを、8分ぐらいですけれども、ご覧いただきたいと思います。

（ビデオ上映）

【吉岡】　写真1のような「総鹿の子絞りの振袖」や写真2のような「辻が花の技法を用いた帯」といったものが「絞り染め」の典型です。

こちらが私の家業ではあるんですけれども、絞り染めについては、中学3年生の時、卒

写真1　総鹿の子絞りの振袖

出所：（株）吉岡甚商店

業レポートというのがありまして、そのときに初めて勉強しました。ちょうど私の息子も今、中学3年生なんですけれども、これも家業がどういった仕事をしているのかということを学べるいい機会かと思いましたので、今日は同席させていただいております。

本当はおばちゃん相手に絞り染めの歴史だとか、文学の中でこんなふうに取り上げられているんだとか、そんな話をするのが大好きなんですけれども、今日は経営についてということで、私も初めてこのような内容の講演をさせていただきます。

私自身、今回、講演させていただくに当たりまして、いろいろ会社の歴史とか、そ

写真2　辻が花の技法を用いた帯

出所：(株) 吉岡甚商店

ういったところをもう一度紐解きました。

それで、どういった時にどんな風なことを考えて、どういうことをしたのかとか、そういった内容を、時系列になってくるかとは思うんですけれども、紹介させていただきたいと思います。その中で、皆さんが、いや、それは違うでしょうとか、こんな方法があるよとか、そういう風な話をどんどん示唆していただければうれしく思いますし、また話の途中でも、ぱっと手を挙げていただいたら、そこで質問していただいても結構ですので、今日はそのような形で進めていきたいと思います。

伝統的工芸品　京鹿の子絞り

写真3は、本疋田《ほんひった》絞りといいます。絞りで一番難しいといわれている技術です。おそらく京都で4人ぐらいだと思います。今やる人がですね。

京都府が、絞り染めについて昭和50年に調査したことがありまして、この技法は当時45歳から50歳が主流、最年少が30代ということで、これを2018年に置き換えてみると、85歳から90歳が主流、最年少が70歳。先ほどビデオで出た方はおそらく最年少の方だと思います。考えてみれば、京都で4人ということは日本で4人、世界で4人という、そういう技術になるわけなんですけれども、多くの京都の伝統工芸と同じく、後継者問題であるとか、また、需要減退とかそういったものに直面している、〝THE伝統工芸〟というような、そういうふうな仕事をしております。

当社の業態ですが、絞り染めの製品の製造メーカーであります。着物であったり、スカーフであったりとか、そういったものを作りつつ、美術館「京都絞り工芸館」を運営しております。また、京都絞りフェアというのを開催しておりまして、京都では24年間開催、ま

写真3　本疋田絞り

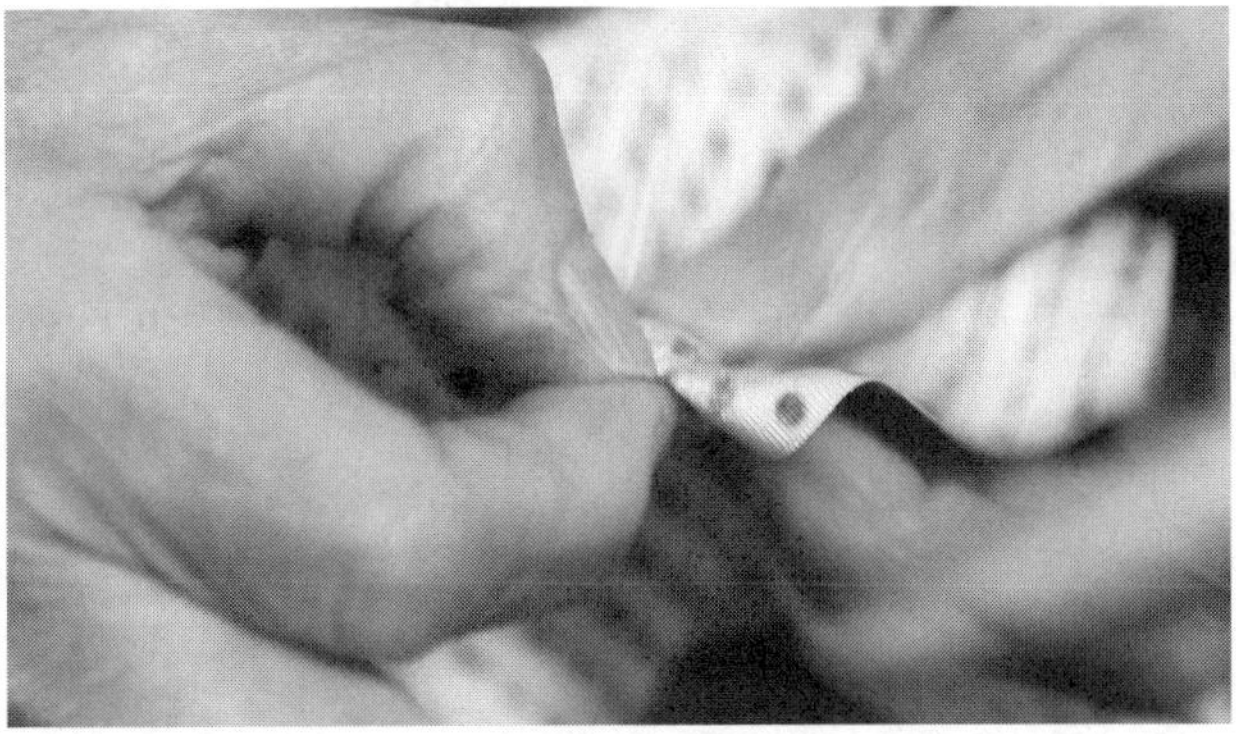

出所：(株) 吉岡甚商店

た、銀座では21年開催しております。

長沢先生はこの「京都絞りフェアin銀座」にたまたま看板を見て入ってこられて、それでご縁ができました。その後また京都にお越しいただきまして、絞り工芸館にもお越しいただいております。それ以外にも13年、福岡で「京都絞りフェアin福岡」を行っており、また、金沢でも「京都絞りフェアin金沢」を2年行っております。

京都絞りフェアには、吉岡甚商店という名前はどこにも出てこないんです。京都絞りフェア実行委員会という名前で表に出ております。また、京都絞り工芸館につきましても、もともと吉岡甚商店という看板があったんですけれども、それを布で隠しておりまして、京都絞り工芸館という名前だけが出てきています。普通でしたら、会社名を表に出したりするんでしょうけれども、うちの場合はあえてそれを表に出さないようなスタイルを取っています。これはどうしてかっていうのは、お話を聞いていただく中で、わかっていただけるかと思います。

美術館「京都絞り工芸館」

私どもは、30年ぐらい前から毎年大きな絞り染めの作品を作っていて、未来のために残していこうという活動をしています。

写真4が最新作ですね。鳥獣戯画をモチーフに40メートルのシルクの布に絞っています。通常の鳥獣戯画じゃなくて、動物たちがオリンピックの競技をしているところです。これが先日、NHKで放映されたものですから、今、京都絞り工芸館では毎日、1週間分のお客さんが1日に来るような状態になっており、大変賑わっております。

写真5は、京都の秋の景色ですね。幅6メートル、高さ2・5メートルの大きさで絞っ

写真４　スポーツ鳥獣戯画（全長40m）

出所：（株）吉岡甚商店

写真５　絞り几帳　紅葉のライトアップ

出所：（株）吉岡甚商店

ております。

写真6は、春のたいまつに照らされている桜。

写真7は、夏の五山の送り火。

写真8は、冬の北野天満宮の紅梅・白梅ですね。絞り几帳《きちょう》四季四連作となります。

この写真（掲載省略）はイタリアのフィレンツェの建造物を絞ったもの。この写真（掲載省略）は京都の春の景色で十四枚の襖絵を制作しています。

写真9は、立体に挑戦したときの絞りの地球ですね。地球温暖化会議のときにも活用され、AFP通信、AP通信、ロイター通信の世界三大ネットワークで配信されました。

写真10は、広重の「東海道五十三次」です。全60景となっています。この写真（掲載省略）は総絞りのウエディングドレス。この写真（掲載省略）は歌舞伎をテーマにしたものですね。

写真11は、風神雷神。風神雷神以外にも水の神様、火の神様をオリジナルでデザインしております。

写真12は、畳20枚分ぐらいの大きさの着物になりますね。お台場のガンダムに着せたらどうかということで、一度ヤフーのトップページに6時間ぐらい出たことがありまして、

写真6　絞り几帳　円山公園の枝垂れ桜

出所：(株) 吉岡甚商店

写真7　絞り几帳　五山の送り火

出所：(株) 吉岡甚商店

写真8　絞り几帳　月光の寒梅

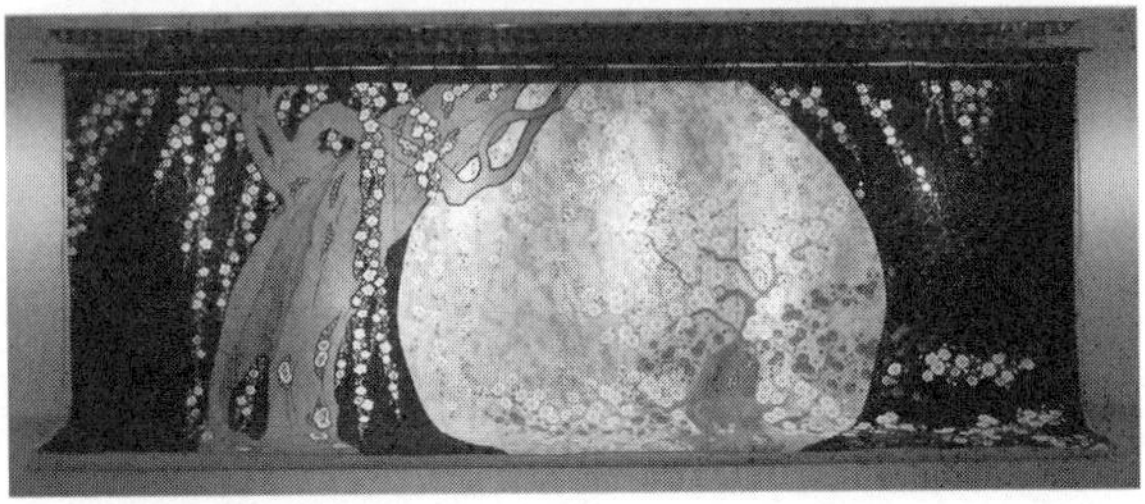

出所：(株) 吉岡甚商店

写真9　絞り地球

出所：（株）吉岡甚商店

写真10　広重「東海道五十三次」蒲原　夜の雪

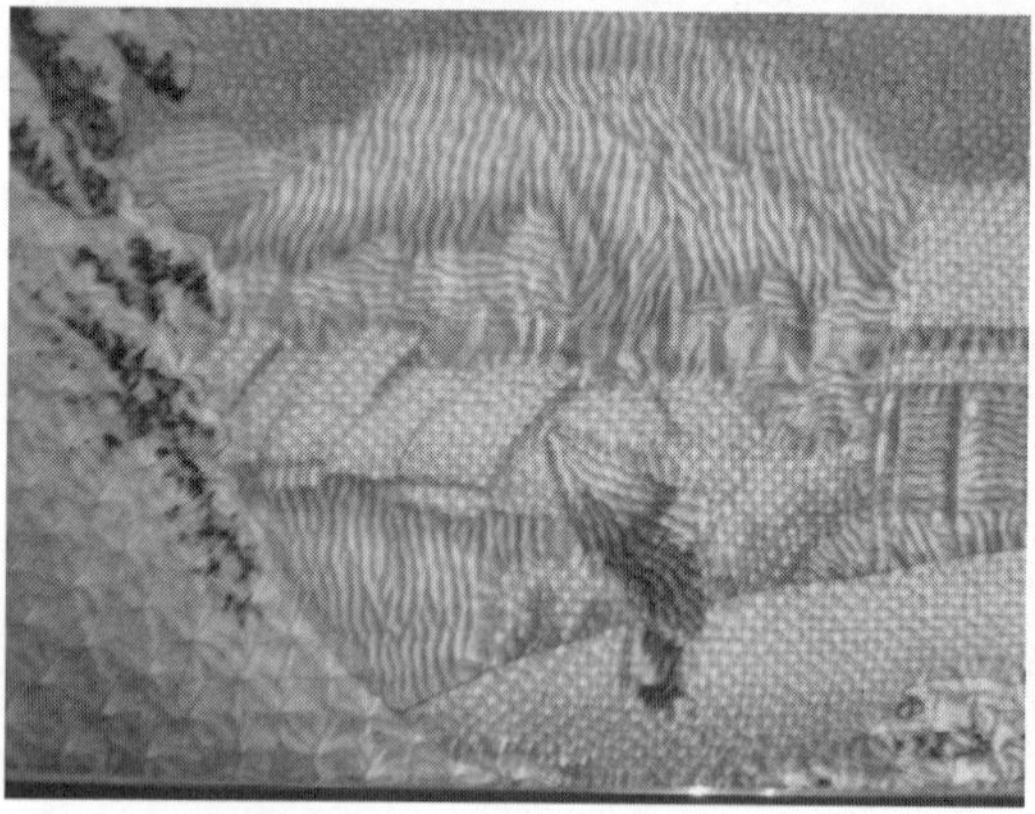

出所：（株）吉岡甚商店

写真11　守護四神絵図

出所：（株）吉岡甚商店

写真12　畳20帖のジャンボ着物

出所：（株）吉岡甚商店

写真13　全長８ｍのロング着物

出所：(株) 吉岡甚商店

写真14　絞り壁画「最後の晩餐」

出所：(株) 吉岡甚商店

広告費に換算すると、たぶんすごいことなんでしょうけれども、そのように取り上げられたこともあります。

写真13は、ロング着物。打ち掛けの裾が8メートルあり、髪から引き摺るベールをイメージしています。

写真14は、最後の晩餐。この写真（掲載省略）はゴッホのひまわりですね。

このように30年ぐらい前から毎年テーマを決めて、絞りの大作を作って保存しています。

頭のいい人は、この仕事はしない

ずっと長沢先生が、どうしてうちの会社を選んでいただけたのかというところを考えておりました。先生の本も読ませていただいたんですけれども、これまで登場してきた会社は、どこも有名な大きな会社で、すばらしい会社ばかりなんですけれども、そのときに一つ思いついたことをお話しします。

まず私どものやっているような仕事というのは、頭のいい人はまずやらない仕事です。

美術館の運営というのは、通常は、国であったり市であったり、また大企業の財団法人がやったりとか、だいたいそういうところが運営しているんですよね。長沢先生が最初、銀座の絞りフェアにお越しになったときに、このイベントは組合がやっていると思っていらっしゃったんですよ。その後京都にお越しになって、絞り工芸館を見られて、ネクタイを買っていただいたんですけれども、そのときに先生は帰り際に、「ここはどこが運営しているんですか」と聞かれました。「吉岡甚商店という民営でやっております」。それに対して先生が、「えっ、民営ですか」というふうに驚かれた。

絞り工芸館にお客さんが来られたら、まずおしぼりを出します。夏には冷たいおしぼり、冬には温かいおしぼりを出します。来られたお客さん一人ひとりに館内の案内をします。だいたい一人来られると、30分から1時間滞在されます。それで絞りの技術の話や歴史といった話をして説明します。なかにはお買い物いただくこともあるんですけれどもね。そういったことをやっています。これは日本人、外国人かかわりなくです。海外のお客さまが来られても、同じようにマンツーマンでうちのスタッフが英語で説明します。

ある日、海外のお客さんが言いました。こうしてマンツーマンで説明してもらえるというのは、プライベートツアーっていうんですよ。通常だったら、オプショナルの費用がかかってくる。それをおたくは500円の入館料だけでやるんですかって……。はい、そうですと。全く採算が合わない仕事なんですよ。

元税務署長さんのお客さんが、私たちの仕事ぶりを見ておっしゃいました。たぶん、これは合わないでしょう。人件費で全部持っていかれますねというようなことをおっしゃいます。確かにそうです。

私もこの会社に入社した頃、船井総研の経営の本を読んだんですけれども、その本の中に、「こういう仕事はすぐやめなさない」っていうコーナーがありまして、すべてうちの会社に当てはまるんですよ（笑）。ですから、頭のいい人は絶対やってはいけない仕事なんですよね。でも、それをうちはあえてやっている。

じゃあ、うちの会社はずっと赤字かというと、そうではないんです。創業以来79年間、今まで赤字になったことは3期だけありました。それ以外はずっと黒字を出し続けています。今、伝統工芸にとっては大変な時代ではあるんですけれども、そんな中でなんとか黒字になっています。

京都の呉服業界では、「何とか繊維」とかいう会社名であっても、実態は不動産オーナーで利益はほとんどそちらからという会社もたくさんあるそうです。当社は絞り染めだけで勝負しているんですよね。先生は、「これ、民営なんですか。赤字でしょう」とおっしゃいました。「いや、何とかいけているんです」と。そのときに先生は、そうか、こういう会社が京都にはあるんだな、もっと広く考えれば、日本にはあるんだなと。最新の経営の勉強をされている皆さんに、こんな会社が、日本には、京都にはあるというところを知ってもらいたいというふうに先生は思われたんじゃないかなと……。

うちの会社、社員全部で8人です。父である会長は70代後半ですけれども、フルに動き回って仕事しています。製造をし、営業をし、絞り染め体験のインストラクターをし、館内の解説をし、社員は本当に大変だと思うんですけれども、そんな中で何とかこの絞りの技というのを繋げようという気持ちで仕事をしています。

絞り業界の現状

じゃあ、絞りというものを取り巻く状況というのはどうなのかというのを考えたときに、多くの伝統工芸と同じく、高齢化、需要減退は進んでいます。ここに資料があるんですけれども、昭和50年代、絞り染めの製造元といわれるところが135軒ありました。それが今、呉服を扱うのは4軒です。本当に数えるほどしかないです。そんな中でどうしてこうして生き残っていったのかというところの話をしていきたいと思います。

一つのキーワードとしては、「もともと絞りって主流派じゃなかった」ということがあります。呉服業界、何億円の市場とかっていいますけれども、そんな中でおそらく、絞りの市場というのは1％以下だと思います。やはり皆さん、着物というと友禅であり、西陣織であり、そういったところが注目される。

絞り製品は呉服屋さんが一番扱いたくないアイテムなんです。なぜかというと品質が一定しない。数が作れない。要はカタログを作って、日本全国で販売しようという、そういった方法には向かないアイテムです。一点一点が手作業で一点物。お客さんの首根っこつかまえてきて、無理やり買わせたら、そうしたらお客さんはいくらでもクレームつけられるんです。「ここ、絞りが落ちているでしょう。私はこんな、二級品、三級品、買った覚えはないです」ってね。ですから、本当にお客さんとの信頼関係があるところじゃないと、絞りの着物というのは扱えない。ですから、呉服屋さんにしてみたら、一番扱いにくいというか。ただ、実際着るお客さんは、絞りといったらものすごく高級なイメージがあるように思うんですよ。エンドユーザーにとっては高級なイメージがあって、でも呉服屋さんは扱うのをためらって、そういったものを私どもは79年間（注：講演時）ずっと作り続けている。これってある意味、すごくおもしろい仕事じゃないかなというふうに私は考えています。

続きまして、私どもの会社が、どのように経営について考えてきたかというのをお話ししていきたいと思います。

着物業界の現状

写真15は、創業者である祖父、吉岡甚左衛門です。二条城をバックに写真を撮っているんですけれども、昔はこんなに空が広かったんですね。もともとは男物の兵児帯や、男物の羽織の裏生地、男物の長襦袢といったすごくニッチなものを作っていました。その後、だんだん女性向けの着物を作るようになり、スカーフやバッグといった洋装品も作るようになりました。絞りという技法にこだわりつつ、ア

写真15　創業者　吉岡甚左衛門

出所：(株) 吉岡甚商店

イテムを広げていったという、そういう経緯があります。

1987年、31年前ですね、父が社長を継ぎます。父は社長を継ぐのが嫌で嫌で仕方がなかったそうです。なぜかというと、周りの人がみんな、「伝統産業というのはこれから大変やで」って言うんです。確かにそうなんですよ。呉服業界って本当に先がないのって、見ればわかります。

まず呉服屋さんを考えてみてください。生まれてから死ぬまで、ずっと一人のお客さんに対して着物を売っていくんですよ。生まれたら産着を売って、七五三の着物を売って、振袖を売って、お嫁入りだといったら訪問着を売って、喪服まで行くんです。そして、ずっと一人のお客さんと死ぬまでお付き合いしていく。義理人情でがんじがらめにしていきます。

お嬢さんに振袖を買ってあげようと言うでしょう。昔は親の言うことを聞いていました。それが、だんだん聞かなくなってきて、「お母さん、振袖要らないから、車を買って」って言うんですよ。どうですか、皆さん。そんなことありませんでしたか。そうしたら、呉服屋さんは考えるんですよ。両方の顔を立てるために、振袖を買ったら、車が付いてくる。当時、軽自動車でダイハツミラが付いてくるというので、振袖とセットで売っていた時代があった。

それともう一つ、講演メモ（掲載省略）に「大きくなりすぎた室町問屋」って書いていますけれども、皆さん、大福帳ってご存じですか。こういう、時代劇に出てくる。大福帳って、得意先ごとに帳面があるんですよ。だいたい呉服屋さんというのは平屋だったんですね。昔だから当たり前なんですけどね。平屋のお店があって、そこでお客さんの注文に応じて、着物を作って納める。大福帳にはその売買の記録が書き込まれています。それが戦後の高度経済成長で、呉服屋さんがビルになるんですよ。問屋さんがビルになるんですよ。地方都市に行くと、小さな家が並んでいる中に、そこにぽんと3階建てのコンクリートのビルが建ったら、呉服屋さんが多い。最近少なくはなりましたけれどもね。

確かに戦後、着物は売れました。急に売れ始めました。ある日突然。何でかというと、呉服屋さんの今まで平屋だった建物が3階建てのビルになった。そこの棚を埋めるために、物が売れていくんです。何も商品がなくてスカスカだと困るじゃないですか。そこで品物が売れるんですよ。また、京都の問屋さんもどんどんビルになってきました。そこも棚を埋めるために、注文を入れる。一通り棚が埋まった段階で、ある日突然オーダーがストップします。これが戦後の着物の業界。

ですから、この業界の需要が減退するというのは、まさにわかっていたことです。ただその時代、みんな大丈夫だろう、大丈夫だろうというようなことでどんどんどんどんやっていたのが今の着物業界です。

問屋の役割

うちの父が、「スーパーダイエーの研究」というのを大学の卒論のテーマに選んだそうです。「主婦の店ダイエー」が「スーパーダイエー」になった時代ですね。当時、マーケティングの最新テーマでした。そのときに、問屋さんは倉庫機能、物流機能、金融機能というのがあるというようなことを大学で学んだそうです。

今、倉庫機能、物流機能っていっても、宅配便で翌日荷物が届く時代になっていますよね。唯一金融機能というのがあるわけですよ。金融機能というのは、本来、製造元はお金が無いからということで、問屋がリスクを取って商品が売れて現金化される前に支払いを行うという機能ですけども、実際は問屋さんの金融機能というのは機能していませんでした。

1988年、30年前に京都絞りフェアというのをスタートさせます。当時私は大学生でしたが、絞りフェアの手伝いに行きました。絞りフェアは3日間開催していました。3日間のうち最初の2日間は問屋さんが来て、品物を選びます。あとの1日はエンドユーザーが来て、要は製造直販みたいなことをします。

問屋さんってどんな感じかというと、ポケットに手を突っ込んで入ってくるんですよ。それで商品を見て、「これ」「これ」とかって言うんですよ。それで買ってくれるのかなと思ったら、これ貸してって言うんですよ。委託販売なんです。それで委託販売で商品を納めます。売れたら今度は手形です。台風手形とかお産手形とかって言いますけれども、半年以上の長期のサイトの手形を切ってくる。それで手形が落ちたらいいけれども、手形が落ちない場合もある。こんなことをやっていたら、うちの会社はつぶされるってうちの父は考えました。

流通改革

そこである日、今後一切、室町には行かなくてもいいと社員に言います。室町というのは京都の問屋街なんですけれどもね。それまでうちの社員というのは、毎日、室町に向けて、どぶ板を渡る営業をしていました。最近あんまりこういう言い方はしないですけどね。朝、問屋さんのところに行って、「これいかがですか」って言って断られます。昼からまた行って、断られます。そんなことを毎日やっていました。問屋さんの社員は、言うんですよ。北海道に出張に行ったらカニがおいしかったとか、九州に行ったら魚がおいしかったとかって言うんですよ。うちの社員、出張に行きたくて行きたくて仕方がなかったんです。

ある日、うちの父が、全員に10万円ずつ渡すから、日本全国好きなところへ行ってこいと。その代わり一つだけ行っちゃ駄目なところがある。呉服屋だけは行くな。呉服屋以外だったら、どこへ行ってもいい。米屋でもいい、風呂屋でもいい、そこで着物を売ってこいっていうようなことを言います。その代わり、今後一切、室町には行かなくていい。買取で注文してくれる場合はいいけども、委託の場合は、行かなくてもいいと。そうすると何が起こったかというと、問屋さんは見向きもしなくなりました。別に絞りじゃなくても、売るものは他にありましたから。

でも、そこで不思議なことが起こるんですよ。そうしていくと、まず、問屋さんを通すと、通常エンドユーザーに渡るまで2軒くらい通るから、着物の値段は4倍になるんです。ですから、私どもは4分の1の値段で着物が売れる。なおかつ絞りの技術についての知識は持っている、そういう人が着物を売ったら、説得力があるんです。時代もよかったんだと思います。そうすると、その年の売上が、今までの問屋さんの商売を抜いちゃった。私がその2年後入社します。そして1997年に銀座での絞りフェアがスタートします。

京都絞り工芸館スタート

２００１年に京都絞り工芸館（写真16）がスタートします。きっかけは2つありました。一つはこうして、地方の風呂屋さん、米屋さんに行ったときに、「京都から来ました」と言ったときに、何の信用もないわけですよね。ですから、信用をつけるためにということで、今まで倉庫で使っていたところを改装しました。

2つ目は、その頃父が同志社女子大学で絞りの授業を始めるんですよね。授業で学生さんに、これからは伝統工芸は観光事業と結び付いていかないといけないという話をするんですけれども、学生に話した以上は、それを実際に実践しようと考え、京都絞り工芸館がスタートします。

その翌年、絞り染めの体験や、地域の体験施設との連携といったことを始めます。

その2年後に私が社長になるんですけれども、京都府や京都市に行って「絞りの美術館を始めました」とか、「今度体験を始めました」といった話を行政の伝統工芸課に報告に行ってたんですよ。そうすると、行政の人もおもしろいものですから、いろいろ話を聞い

写真16　京都絞り工芸館

出所：(株) 吉岡甚商店

てくれて、もっとやれ、もっとやれ、もっとやれと。今度は「地域と連携しました」とかいうと、もっとやれもっとやれというようなことで煽ってくるわけですよね。こっちも調子に乗ってやっていく。そうすると、行政が1年とか2年経つと動き出すんですよ。こういった実績をみて、どのような政策がいいのかを判断していきます。それで、これは行けそうだなと思ったら、行政が今度は資本を投入すると、そうするとそれが一気にがっと盛り上がっていくんです。そのときにうちは、1年2年先を行けている。そういうようなことをやっていきました。

　また、行政からの紹介で、今度イタリアからデザイナーを呼んだから対応してとか、産学連携で大学とコラボしてみないとか、いろんなことをやっていくんですけれども、とにかくどんどん乗っていけるものは乗っていこうということでやってきました。

そして絞りフェアin銀座、in福岡、in金沢がスタートするんですけれども、京都府、京都市、福岡県の後援をいただいています。そうすると、またそれが信用になって、マスコミが動員できるというようなことになってきます。

海外の美術館との交流

最近、インドネシアの美術館と交流しています。ジャカルタテキスタイルミュージアムというんですけれども、バティックってご存じですかね。ろうけつ染めなんですけれども、これが世界遺産になっていて、その中心となった美術館がありまして、姉妹美術館になりました。それからたびたびインドネシアで絞りの展覧会をするようになってきました。インドネシアはMOUという提携関係というのがすごく大切みたいで、ソロのセブラスマル国立大学とか、王族とか、服飾財団とか、そういったところと次々と姉妹間契約を結んでいます。２０１４年にインドネシアで世界絞り展を開催したことがきっかけに、じわじわと広がりを見せ、今、インドネシアでは絞りブームが起こってきました。

写真17が２０１７年９月に、日本・インドネシア絞り染織交流展を開催したときの写真です。日本でいうと、東京ビッグサイトくらいの広さの会場のメインエントランスにブースが取られています。

これは世界のブランドショップが並ぶ中にブースが取られて、副大統領夫人であるとか、各大臣夫人がたくさんお見えになりました。この写真（掲載省略）の方は日本特別大使の方ですね。そういった方々が見に来るようになった。会場にいた父の話を聞いてびっくりしました。一歩外に出ると、３００人ぐらい人が集まっていて、装甲車や警察車両がいっぱい並んでいて、何が起こるのかと思っていたら、私どもの展覧会に来るＶＩＰを警護するためのものだったというようなことで大変賑わったそうです。

現地では写真18のような絞り染めのワークショップをしたりとか、インドネシアのデザイナーと交流してきました。

写真17　日本・インドネシア絞り染織交流展

出所：（株）吉岡甚商店

写真18　日本・インドネシア絞り染織交流展　ワークショップ

出所：（株）吉岡甚商店

さまざまな出会い

絞り工芸館をスタートしてよかったこととして、伝統工芸に対する敷居が低くなったことがあります。入館料500円払えば誰でも入れるんですよ。そうすると、いろいろなお仕事の方と出会うことができました。今、海外からのお客さんの比率は去年で47%なんですけれども、おそらく今年はもっと割合が増えてきています。ほとんどの方がツアーのコースに入っているから来たというわけではなく、テキスタイルに興味のある方がわざわざ訪ねてきます。デザイナーの方と交流したり、古典芸能の道具等の復元をしたいとの依頼もありました。

写真19は、高御座《たかみくら》という、来年（2019年）使うんですよね。天皇が即位するときに使う台座です。これは奈良時代のものを復元したときのものなんですけれども、その階段に絞りが使われています。

写真20は、女形の歌舞伎役者の頭に付ける、「鹿の子」といわれるものですね。色は赤と水色、ピンクと紫の4色なんですけれども、現在、次の40年分を絞った状態で預かって

写真19　高御座《たかみくら》

出所：（株）吉岡甚商店

写真20　歌舞伎で使用する髪飾り「鹿の子」

出所：（株）吉岡甚商店

います。というのは、40年後にはおそらくこれが絞れる人がいなくなっているだろうから、またもし東京の歌舞伎座が、火事になっても半分京都にバックアップがある。そこまで考えられています。

変革によるメリットとデメリット

このように、私どもの会社はさまざまな変化をしてきました。変化をしたことによって、多くのメリットも生まれました。先ほど申しましたが、直販によって、当社が値段を決めることができるようになり、流通を通さずに安く提供できるようになりました。それと専門知識があるので、お客さんの信頼が得られます。また、こんなのが欲しい、こういう物は作れないかというのが、これがダイレクトにわかる。

そうすると、売れるものだけ作ればいいんですよ。流通在庫も不要になります。売れたら作るということをするので、不要な在庫がどんどん減ってきます。あと来館された方、体験された方がまた新しいお客さんになってくれる。先ほど呉服屋さんのところみたいに、1人のお客さんを相手に一生商売するというんじゃなくて、どんどん新しいお客さんに入れ替わっていく。

また、この新しいお客さんに、インドネシアでこんなことをやりましたとか、こんな復元プロジェクトをやりましたとか、新しい染色技術ができましたとか、そういういろんな前向きな姿勢というのを見ていただける。お客さんは、がんばっているあの人たちを応援しようという気持ちになってくださる。また、斜陽産業には、人は入ってきません。前向きにがんばっている姿は求人にも役立っています。

また、大変なこともあります。先ほど申しましたが、人手がかかります。一人何役もこなさないといけません。ですから、かなりうちの社員は大変です。でも、そんな中で一生懸命がんばってくれています。また、職人の高齢化、後継者難、これが実は一番の問題なんですけれども、これはなかなか歯止めは利かないです。これはうち一社がどうこうできるような問題ではないので……。ですから、うちの会社としては、「絞りってすばらしいですよ」と言い続けることによって、それで業界全体がイメージアップにつながればと願っています。

もし、うちの会社がこのように変化していなかったとしたら、残りの131社と同じように、廃業していたかもしれません。みんな本当に変わりたい変わりたいって思っているんですよ、この業界。何とかして変わらないといけないって、みんなわかっています。でも、なかなか変われない。

時間を味方につけた

じゃあ、そこでなぜ当社が変われたのかというのを考えてみました。今回の講演をするに当たって、それに向き合って考えてみたことなんですけれども、当社は、経営資源というのをフル活用してきたんだろうなと思います。

たとえば、30年前から作ってきた大きな作品があります。これって急にはできないわけですよね。たとえばインドネシアの美術館から、一緒にこんな展覧会がやりたいというような話が来ました。じゃあ、これから作りますでは話にならないんですよ。じゃあ、2年後やりましょう。そんなのでは駄目なんですよね。打ち合わせで、ぱっと写真を見せて、こんなことができますと提案できる。それが駄目だったら、こんな方法では、あんな方法はと……。今まで30年前に絞りフェアをやり始めたときに作り始めた作品というのが生きているんですよ。もしこの作品を作らなかったら、社員にもうちょっと給料を払えたのになって言うんですけど、でも、大変なときでもそうして毎年テーマを決めて、一作品ずつ作ってきた。これが今、生きています。

みんな言うんですよね。絞り工芸館を始めたときにも、「わしもやろうと思ってたんや」ってね。「体験」、わしもやろうと思ってたんや。「美術館」、わしもやろうと思ってたんや。でも、当社はその20年前からスタートを切っていたんですよね。ですから、時間を味方につけたと書きましたけれども、他の人が追随できない、過去にそういったことをやっていたこと、これを活用していたんですよね。

私はすごくもったいないなと思うのは、いろんな組織が補助金とかを使って、たくさんの作品を作って、それが倉庫に眠っているんです。あれって生かせたら本当にいいのになと思うんですけど、そういうのがあるということもみんな知らないですしね。

たとえば、ここに着物が一つあります。これ、絞ったのは40年前です。40年前に絞って、染めたのは今年なんですけれども、絞りの場合は、このように流行がないというのがありますから。ですから、絞った状態で染めずに置いてあります。こんな緻密な絞りは、今、新しくは絞れません。これからお宝になるかもしれませんね。

人が動く時代

もう一つが、人が動く時代に対応できたということがあります。本物を本場で買いたいというニーズはあるだろうというのは考えていました。たとえば大島紬を買うのに、京都の呉服屋さんで買うんじゃなくて、実際に大島まで足を運んで、そこで作っている人と苦労話を聞きながら本物を買いたいという、そういうニーズはきっとあるだろうなというふうに思っていました。ですから、絞り染めが欲しかったら京都まで来てください、東京から新幹線に乗って来てくださいという、そういったことができる時代が来るだろうなということを考えて、絞り工芸館をつくりました。

ところがこれが今、世界規模になっているということが、この間のインドネシアで感じました。というのは、インドネシアでオープニングパーティーをしたときに300人ぐらい来られていたんですけれども、そのときに来ていた人のたぶん20人、30人ぐらいが絞り工芸館にすでに来ているんですよ。インドネシアのテキスタイル界では、「あなた、まだ京都絞りミュージアムに行っていないの」っていう感じなんですよ。インドネシアのテキスタイルが好きな人の中では、日本に行って、そこで京都絞りミュージアムに行くというのが一つのステータスみたいになっている。オープニングパーティーに来る人たちって、日本の富裕層とはケタが違いますからね。「あ、日本？　行く！」って言ったら、すぐに行きますからね。

今まで東京から来てくれたらいいな、九州から来てくれたらいいなぐらいのことで考えていたのが、地球規模で起こっているなということ、これが今感じていることです。

捨てない経営

私どものような小さな会社は何ひとつ無駄にできない。日本には、京都には、すばらしい技術とか作品とかコンテンツがたくさんあるはずです。会社の中にもそれが埋もれているんじゃないかなと思います。

たとえば、これはポーランドの美術館に絞りの技法パネルを提供した時のものなんですけど、このためにだけ作ったたんじゃないんです。会社の中にある生地の切れ端を整理していたんですよ。そうしたら、こんな技法もあるな、こんな技法もあるなって、ずっと並べてみたら、60、70出てきた。不足している技法分を30くらい追加して作りました。それぞれに技法の解説文を日本語と英語で作って付ける。そうすると、これで一つの立派なコンテンツになるんです。まともに一から取り組んだら2年くらいかかってしまいますよね。会社の中を見渡したら、昔の端切れとかって、こういう呉服業界にはいっぱいあるはずなんですけれども、それを段ボール箱の中に詰め込んだままにしておくのか、整理して一つのコンテンツに変えるのか、これって本当に大きな差が出てきます。79年（注：講演時）絞りの仕事をやってきたというのはだてじゃない。そういう昔のものを生かすということ、これが当社の強みだったと思います。

私、よく言われるんですよ。「あんたのおじいさんにはよう世話になってな。厳しい人やったわ」って……。「でも、最後、にこっと笑うあの笑顔がな」とかって言われるんですよ。「あんた、がんばりや」とか言われる。うちの父親も、うちの祖父が死んだ時に、「社長、これから大変やで。あんたのお父さん、名物社長やったからな。あんたやっていけんのか、この会社」とかって言われた。そうしたら、「へいへいすみません、がんばります」って言って、そういう親の傘の下、おじいさんの傘の下で今でも商売をしています。ですから、「おたくのおじいさんには世話になったから、じゃあこの仕事やってあげるわ」とか、一から取引先を開拓するのは大変なんですけれども、これって本当に幸せだなと思います。

過去の蓄積とか、時間とか、そういったものを味方につけるということ、これは本当に後からは追随できない、自分たちだけのやり方だなと思います。

世界遺産登録への取組み

また、世界遺産登録への取組みもしています。きっかけは、5年前、姉妹美術館のジャカルタテキスタイルミュージアムの方からの素朴な疑問がスタートでした。「さぞかし京都は世界遺産がたくさんあるんでしょうね」って。調べてみたら、何ひとつ世界遺産になっていないんですよね。

結城紬と小千谷縮が、昔まだ世界遺産というのがメジャーでなかった時に取っているんですよ。それらの地域では、大きな産業が町になかったんでしょうね。その時、役場の人たちが何とか町おこしにつなげたいと努力して取ったんだと思います。余談になりますが、昨日まで水戸に行っていたんですけれども、同じ茨城県の人に聞いても、結城紬が世界遺産になっているって知らない人が多いんですよね。これが今に生きていないんですよ。もったいないなと思ったんですけど。

さっそく行政機関に行って、どうしたら世界遺産になれますかって訊きに行きました。そうしたら、皆さんの声をまず集めてくださいと。そして、行政を脅迫に来てくださいと冗談ぽく言われました。言われるがままに署名集めを始めました。そうしたら、行政ってすごいですね。その後、ちゃんとリサーチしているんですよ。どこはどういうふうな方法で世界遺産を取ったかとかね。1年後に行ったら、こんな分厚いファイルが出来上がっていました。

会社の入口に大きな垂れ幕がありまして、「日本で一番古い染色、1300年続く日本の技、絞り染めを世界遺産に」って書いてあるんですよ。長沢先生はそれを見て、にやっと笑って、「吉岡さんの会社は1300年の歴史があるように聞こえますね」って。(笑)

銀座の絞りフェアは、京都絞りフェア実行委員会が主催です。また、京都の絞り工芸館には、吉岡甚商店という名前は一切出てきません。何かすごい団体がやっているように聞こえるじゃないですか。京都絞り工芸館の英訳の表記も工夫しました。京都絞りクラフトセンターじゃなくて、京都絞りミュージアムって訳しているんですよ。そうしたら、今度は海外の人が、日本の絞りの中心はここって考えてくれるんですよね。これもマーケティングだと思ってくださいね。

技を繋げることに取り組む学生さん

だいぶ時間が迫ってきました。そこで一つ、新しい取組みで、ここおもしろいなと思ったグループがありましたので、ご紹介したいと思っています。J-CRAFTEDという、これは文化服装学院の学生さんが中心になって立ち上げたグループです。ダブルスクールをしている学生さんもいらっしゃって、専修大学やここ早稲田の学生さんも在籍しています。

結構こういう服飾の学生さんって、言ってはあれなんですけど、「ファッションばか」

みたいな人がいるんですよね。自分のブランドを立ち上げたいとか、そういう人って多いと思うんですよ。でも、そうじゃなくてもっと広く、大局的に、ファッションのことを考え、またそれを作る環境のことを考えて活動していらっしゃいます。そして、それがサークル活動みたいに、自分たちが在籍する何年かの間に完結してしまうんじゃなくて、継続的につないでいこうという考え方を持っておられます。

さまざまな加工してくれる工房のデータベースを作ったり、そこで作業をしている際の画像や映像をデータベース化、コンテンツ化してこうとか、すぱっすぱっと4年ごとに切れていくんじゃなくて、それをずっとつないでいく考え方というのが、先ほど言いました捨てない経営という考え方と共通していて、すごくおもしろいと思ったグループです。今日、お越しいただいているので、ご紹介したいと思います。

【新井】 お邪魔しております。新井翔太郎と申します。彼が金子義生と言いまして、早稲田大学理工学部に所属しています。

服を通して、僕たちが何ができるかというのを考えたときに、先ほども出ていたように、後継者不足だったりとか、要はメード・イン・ジャパンというものがどんどんなくなっていってしまうと思っていて、それを何とかビジネスだったりとか、後輩とか次世代に残していこうというふうに考えたうえでいろいろ、サークルみたいな感じなんですけれども、どんどん残していこうという形で始めたもので、ご縁があって、絞り工芸館のほうにお邪魔させていただいたときに、ちょっと機会をいただいたので、ご紹介いただきました。

【吉岡】 ありがとうございます。今年の7月、祇園祭のときにお越しになって、その後もう一度お越しいただいたんですけれども、こうして絞り工芸館をやっていると、いろんな人が来てもらえる。考えてみてください。学生さんが、こんなことやってみたいと思って、京都の老舗の工房みたいなところに行って、「こんにちは」ってなかなか行けないでしょう。でも、入館料500円払えば誰でも入ってこられるんですよ。結果的に敷居がすごく低くなりました。そこでいろんなお話ができる。新しい取組みにも繋がっていきます。絞り工芸館をやっていてよかったなと思う瞬間ですね。

以上で私のほうのお話は終了させていただこうかと思います。(拍手)

質疑応答

【長沢】　ありがとうございました。早速、質疑応答に移ります。

吉岡社長には、ビジネススクールで社会人だから、京都の大学の学生みたいに、質問というと、しーんとすることは絶対ありませんから、とあらかじめ言ってあります。ですから、質問が途切れないぐらい、積極的に質問をお願いします。

【若原（質問者）】　今日はありがとうございました。若原と申します。先ほどの話で、現在、85歳から90歳の方々が中心だというお話だったんですけれども、技術を繋ぐために、今、特に行っていることってあるでしょうか。先ほどの話で、40年先のために絞っているとか、そういうことはされているとは伺いましたが、そのほかに何かあったら教えていただきたいです。

【吉岡】　実際、正直、一日何粒しかくれませんとかっていう絞りは、おそらくあと10年もしたら、絞る人はゼロになると思います。でも、染めの技術というのは、昔と比べたらものすごく進歩しているんですよ。ですから、今までとは違う形の絞りになってくる。

絞りって1300年歴史がありますけれども、その中で総絞りが主流となったのは、江戸時代になってからなんです。それまでは戦乱の時代。生きるか死ぬかの時代の絞りというのはもっと単純なものだったんです。江戸時代になって、世の中が豊かで平和になって、それでこういう総絞りが出始めた。そのように考えたら、昔の絞りに戻ると考えれば、絞りはなくならないし、また、昔の絞りにできなかったような染色技術とか加工技術、形状記憶であったりとかいうのはできてきていますから、それを次の世代に受け継いでいければなと思っていますね。

【若原】 そういうR&Dというか、イノベーション、これから先、新しいものを生み出そうというところに今、いろいろと投資されていると。

【吉岡】 そうですね。たとえば、絞りの日傘を作っているんですけれども、シルクの総絞りの生地って直射日光が当たると、色が飛んでしまうんですよ。それをどうしたら日光堅牢度が上げられるかというようなことを職人さんと一緒にやってみて、そうすると、これまでできなかった日傘が作れるねというようなことで、新しい商品もできていますね。

【若原】 ありがとうございました。

【後藤（質問者）】 ご講義ありがとうございました。先ほどのミュージアムというところで、海外からも大勢のお客さまがいらっしゃっているということだったのですが、それって吉岡さんがいろいろ発信して、海外の方も取り込みたいというような動きだったのか、それとも自然発生的に集まっていたのか、そのあたりはどちらでしょうか。

【吉岡】 ある一人の社員の採用がきっかけなんですよ。今までうちの会社って英語が、私がちょっとしゃべるぐらいでね。ただ、よく訊かれるのが、旅行社から英語対応できますかって言われたときに、私一人「はい」と言っても、できる時とできない時がありますというふうになっちゃうんですよ。対応できますよというふうには言い切れない。今、うち英語がしゃべれるスタッフが3人いるんですけれども、3人いると英語対応できますと自信を持って言えます。彼は、すごくフランクに海外の方と接することができて、それが海外のお客さんの評価を得られた。トリップアドバイザーで、京都の美術館217館中、6位になっています。染色の街、京都じゃないですか。テキスタイルが好きな人は京都に行くんですよ。それでこんなことを知りたい、あんなことを知りたいと期待して行くんですけれども、どこへ行っても職人さんは「外国人が来た」と、みんな逃げ腰でね。それで皆さんがっかりしていたんですよね。

絞り工芸館に行ったら、質問したら英語で答えてくれるということが海外のお客さんの中でぶわっと広がっていって、今度は東京のほうの外国人向けのガイドの人が、あそこへ行ったら外国人のお客さんに対して、丁寧におもしろく説明してくれるよということがガイドさん仲間の間で広まっていっているみたいなんです。テキスタイルが好きな人が日本に来たら、京都絞り工芸館に行こうというような、一つの流れが今できてきています。そうすると、今まで日本語をしゃべっていた社員も、外国人が多くなるとしゃべらざるを得ない状況になってきますから……。会社の中でも英語の研修をやったりとか、そういうようなことをしながら、みんなが対応できるようにという、そういうことはしていますね。

【市原（質問者）】 ありがとうございました。市原と申します。今日のお話の中で、ターニングポイントになったのが、いわゆる流通カット、ダイレクトマーケティングに切り替えたところだと思いました。

そのときに、もちろん販社さん、問屋さんから何がしかの嫌がらせでないにしても、そういったものがあったと思うんですが、具体的にそれをどういうふうに回避していったのか、どういうふうに調整を図っていったのかということを教えていただいてもいいですか。

【吉岡】 そういう嫌がらせといったら変ですけれども、問題があったのは、販売価格の問題でした。というのは、デパートや呉服屋はマージンが必要ですから、絞り工芸館で売る値段は流通を通した際の値段よりも安く売っているわけです。当然、デパート等で扱う以上は、京都絞り工芸館でも同じ値段で売ってもらわないと困るんですけれども、これがネックになりました。ですから、問屋さんを通じての商売はほぼゼロになりました。ただ、そのときにうちの社員が日本全国に散っていった。何とかこのスタイルを定着させないと、明日の自分たちの給料も出ないわけですから、背水の陣になりました。そのときのうちの社員のがんばりというのと、それと専門知識があったというのは強かったんですよね。呉服屋さんとか問屋さんも、呉服に関する知識を持っていますけれども、絞りだけの知識においていえば、私たち作っている者には絶対勝てないわけです。絞りの魅力であったりとか、お手入れの方法であったりとか、そういったところを徹底的に訴えたということで、振り切ってしまったという部分がまず一つあります。

あと、絞り工芸館ができたときに、圧力がかかりました。最初、「京鹿の子絞館」という名前でスタートしたんですけれども、その名前が駄目だと……。その当時からいろいろマスコミの取材とか受けていたんですけれども、今後、京鹿の子絞館を取材することはまかりならんというような、そういう怪文書が出ました。新聞社の記者の方が持ってきた文書を見てびっくりしましてね。いろいろ問い合わせてみたんですが、誰も知らないというんですよ。

マスコミの方が言ったのが、「吉岡さん、これ、このまま長期化するんだったら、絞り業界でもめていますっていうのを大きな記事にせざるを得ないですから」と、一回小さな記事には出たんですけれどもね。そのときに考えたのは、そこで突っ張っても仕方がないし、逆にそれをすることによって、業界のイメージダウンにつながるだろうなと。インターネットが出始めたころだったので、今までだったら新聞の記事一回で済むのが、データベースとして残ってしまうことを考えたときに、これは得策ではないなというふうに思って、あっさり名前を変えました。京鹿の子絞館から京都絞り工芸館というふうにね。京鹿の子絞館で登録商標も取っていたんですけど、それも全部捨てて名前を変えましたね。そういう問題はどうしても出ます。

ただ、おもしろかったのは、業界の中でも最初はそうしてバッシングが出たんですけれども、やっているうちに逆に、がんばれがんばれという声も出てくるんですよ。結局、絞りというものの宣伝をすることによって、全体のイメージアップにつながるということであれば、どんどんやったらいいんじゃないのと。

【市原】 ありがとうございました。

【加治屋（質問者）】　お話ありがとうございました。化粧品会社の加治屋です。工芸館にある絵のような風景絞りは、とてもきれいだったんですけれども、あれは制作期間はどれぐらいかかって、入れ替えとか、そういったものも随時行っているのか、あと販売もなさっているのであれば、どのような方が購入されているのかなということに興味を持ちました。

【吉岡】　まず、制作期間なんですけれども、だいたいやり始めた初期のころは、1年で一作品というぐらいのペースで作っていたんですけれども、だんだん前の作品よりもいいものを、というふうになってくるので、制作期間が延びる傾向にあります。2年3年かかるようなことが増えてきています。それを4ヵ月ごとに展示を変えていくんですけれども、さすがにいつも新作というわけにはいかないんですね。そこで、それを組み合わせる工夫をしています。

たとえば東海道ができて400年には、過去に作った弥次さん喜多さんのネクタイシリーズと、広重の「東海道五十三次」を、組み合わせていくんですよね。そうすると、この宿で弥次さん喜多さん、こんなエピソードがあったんですよというように見せられる。そうすると、たとえば広重の浮世絵の絵が、浮世絵という一つの見せ方プラス、東海道の旅を楽しむ弥次さん喜多さん珍道中というふうに変わるわけなんですよ。

ですから、今まで作ってきた作品の中で、これとこれを組み合わせればこういうふうなアピールができるなとか、そういうふうなことを考えています。それが先ほども言ったような、過去の蓄積を生かすということですよね。また、最新作であるスポーツ鳥獣戯画絵巻も、オリンピックに向けての作品です。そういう時代性とかそういったのも考えながら、展示をしていますね。

【加治屋】 お買い上げいただく方は。

【吉岡】 お買い上げは、日本の方も買われるし、海外の方も結構買ってくれます。というのは、キオスクでガムを買うのとは違うんですよ。海外の方は長いバケーションを取られますよね。海外の方って、近所のおばちゃんに配るお土産といった買い物はしないんですよ。自分のために、本当に納得できたものを、それがたとえば2万円、3万円のものであったとしても今回の旅の思い出として買って行く。絞りの魅力をしっかり伝えていけば、海外の方も買い物をしてくれますよね。

【加治屋】 ありがとうございました。

【長沢】 それに便乗して私から質問です。吉岡社長をゲストにお招きする大きな動機の一つが、絞り工芸館が大きくはないけれども黒字経営だそうです（驚きの声）。どう考えてもあり得ないと思います。多くは3セクで運営して、補助金を付けて、それでも赤字を出しているのが普通だと思うから、民間企業でやっていらっしゃって、黒字という秘訣がどうしても知りたいな、不思議だなと思いました。入館料の500円掛ける人数と、物販と、おおよそ割合はどのぐらいでしょうか。

【吉岡】 正直、入館料500円では全く人件費で飛んでしまって合わないんですよ。

【長沢】 そうでしょうね。(笑)

【吉岡】 時給を考えたら合わない。でも、かなりの確率で来た方はお買い物もしていただきますし、また、旅行で京都に来ましたと。そこで絞り工芸館を知りました。着物を見て、いいなあ、ここで買ったらいいものが安くて、それも専門のところから買えるなというとがわかりました。でも旅行中だから、そこで着物は買わないですよね。でも、その後、日本全国で個展を開いています。そのときに、そのお客さんに対して案内が届く。そうしたら、絞り工芸館に行ったときのあの人が今度来るんだわと。それが絞りフェア銀座、福岡、金沢であったり、また個展であったりするわけなんですけれども、そのときはちょっと覚悟して行きますよね。いいものがあったら欲しいなという感じで行きますよね。

ですから、そこで実際商売にもつながっていきますし、実際私が入社したときに、一番最初にやった仕事というのが、今までワープロとか手書きでお客さんの住所録を作っていたんですよ。それを全部データベースソフトに移行しました。今5万人ぐらいお客さんの情報がデータベースにあります。それを活用して案内を送っています。

私の最初の仕事というので考えると、私が社長になったときにした最初の仕事をご紹介します。昔のネガに入っている写真、スライド、8ミリの映像を整理しました。そして社長の就任披露のときに上映しました。職人さんや、それこそ自分の親とかおじいさんが写っている写真や映像を見てもらったわけなんです。そうしたら、うちの祖父のと同じ時代から、一緒にやってきたんですよねっていうことがそこでまたみんなに知ってもらえる。そうすると、今度の社長もちょっと応援したいなという、そんな気持ちになっていただければと思いました。ですから、これも過去の資産、アルバムに貼ってあった写真をどういうふうに生かしていったかということですよね。

【長沢】 そうすると、採算という意味ではほとんど物販ですね。

【吉岡】 そうですね。物販ですね。

【長沢】 そうですか。入館料も外国人観光客が少しまとまってきたぐらいでは焼け石に水。

【吉岡】もう全然。逆に増えれば増えるほど、合わなくなってきます。

【長沢】持ち出しという意味ですか。

【吉岡】来てもらった方がそこで買い物をしてもらえるような形になっていかないと、単純に人だけ増えれば、人件費がかかるというところがあります。

【長沢】私も絞りのネクタイを買ったもんね（笑）。それもちょっと高いなと思ったのだけれど、この絞りは年季の入ったおばちゃんが一つひとつ絞っているんだ、一日300、500もできないなんていうのを伺って、その絞りがたくさん連なっていると思うと、これは価値があるって思いましたので即、買いました。

【加治屋】すみません。もう一つ質問させてください。今、フェイスブックの京都絞り工芸館のサイトを見ていましたら、海外の学生たちが絞りの体験をして、いろいろ、しかも結構いろんなところからいらっしゃっているっぽいのです。こういう活動というのは、御社から働き掛けているのか、それともどちらかというとリクエストベースで、参加費とかそういうのをいただいてやっているのか、どういう仕組みでこういう学生との交流を行っているのかなと思いました。

【吉岡】すごくシンプルで、絞り染めの体験というのがありまして、それに申し込んでこられるわけなんですけれども、たとえば日本の大学が、今度留学生が来るからその人たちを参加させたいとか、そういった場合もありますし、旅行社が入ってくる場合もありますし、また、個人で申し込んでこられる方もあります。そのときに、本当に来た方に楽しんでもらえるようにと考え常々やっております。そうすることによってリピーター増につながっています。また、フェイスブックとかって、その国の言葉で発信してくれるじゃないですか。ですから、自分たちでどれだけがんばって中国語だとか、韓国語のホームページを作るよりも、そうした人たちがイタリア語や、中国語、インドネシア語とか、母国語であそこよかったよって言ってくれるのが、これは強みになってきますよね。

【加治屋】そうやってインフルエンサーをどんどん増やして、また知名度を上げる。

【吉岡】そうですね。

【加治屋】これは参加費を取られて。

【吉岡】参加費は取っていますよ。スカーフのコースでいったら3240円ですね。

【加治屋】でも、それは入館料と同じで、人件費を考えたら合わないのでは。

【吉岡】そうなんです。合わないです。

【加治屋】その代償に、彼らはインフルエンサー、オピニオンリーダーをしてくれているという……。

【吉岡】　そういうことですね。

【加治屋】　ギブ・アンド・テークがあるということですよね。

【吉岡】　一番最初に申しましたが、頭のいい人は絶対やらない仕事なんですよ。それでも、これをやっていきたいというふうに思っていまして、こういう大きな作品を作らなければもっと給料を出せるかもしれないとか、この体験をやらなければとかって。ですから、本当に利益だけを考えれば何もやらない。社屋をマンションにして、賃貸収入を得るというのが一番簡単な方法なのかもしれないです。

でも、この絞りの仕事というのが、私の家業、うちの会社の仕事としてできる幸せというのであると思うんですよね。ですから、何とかしてこれを繋げていきたいですしね。私は家業を継ぐ前、東京で勤めていたんですけれども、勤めていればこういった経験はできなかったかもしれない。また、この場でお話もさせていただけなかった。これは本当に感謝しております。

【加治屋】　ありがとうございました。

【後藤（質問者）】　的外れだったら申し訳ないのですけれども、実際売られている商品って、これはいわゆるＯＥＭだったり、ある程度素材や半製品を仕入れて、染める工程を御社がやられて、最終販売をしているという形になるんですか。

【吉岡】 すべて自社で作っています。ですから、まずうちの仕事というのは、生地を仕入れて、それを絞って、染めていくというのが一つの仕事です。ですから、外から買ってきてというものはほぼないです。ほとんどは自社で作ったものです。

ただ、絞りって、絞りをほどくときに間違って破ってしまうときがあるんです。そうしたら、それって着物としては売れないわけですよね。ですから、問屋さんと商売をしたときには、それの処分というのは全くできなかった。でも、それがこうして直販というスタイルになったことによって、たとえばそれを小さく切って、小物を作るとかそういったこともできて、ですから、そういう段ボール箱の中に入っていた不良在庫というのがはけていくんですよね。どんどんどんどん会社の経営としては筋肉質になっていく。滞留在庫というか、不良在庫というのはなくなっていったんですよ。

【長沢】 実は今日お迎えするに当たって、今週の月曜に京都に行って、お伺いして、いろいろ打ち合わせをさせていただきました。

そのときにちらっとお伺いして、おやっ？と思ったことですが、絞り業界はほかの会社があるのだけれど、みんなそれぞれの会社が目指すところが違っていて、競合しないなんていう話をお聞きしました。それをちょっとご披露ください。

【吉岡】 本当にラッキーな話なんですよ。京友禅だとか西陣織とかというのは、同じ大手の問屋さんを目指して売り込むというようなことをすると思うんですけれども、絞りの業界、これだけ規模が小さくなると、みんな向かっている方向がバラバラになってきたんですよね。

ある一社はデパートでスカーフを売るのがメーンの仕事、ある一社は従来の呉服の問屋さんとか、そういったところに卸す仕事、うちは完全に観光というのに対して向かっています。京都の場合はたまたまなんですけれども、絞り業者が向く方向がバラバラの方向を向いていたんです。ですから、競合先でぶつかるとかいうことがないんですよ。

みんながそれぞれの道でがんばっていけば、そうすれば絞りの業界自体のイメージが上がっていくという。これはすごくラッキーだったなと思う部分ですよね。

【長沢】 たとえば他社がそうやっていても、吉岡さんところみたいに観光客相手、あるいは外人相手にするといいかもしれない、あるいはミュージアムをつくるといいかもしれないっていうので真似する可能性というのはないのでしょうか。

【吉岡】 そこのところが30年前から、作品を作ってきた部分の強みが出てくるんです。今やろうと思っても、ついていけないわけですよね。よそから参入してくることというのはないんですよね。

【長沢】 社長が3代目。後ろにいらっしゃる御子息が4代目かも。首を横に振っているけど。（笑）

【吉岡】 父親の仕事を見ていると、ばかな仕事をしているなと思っていると思いますね。（笑）

【長沢】 吉岡社長がお考えになる「吉岡甚商店らしさ」、あるいは「京都絞り工芸館らしさ」というのは何でしょうか。

【吉岡】 昔のものを大切にしながら、プラスアルファで今のものを取り入れるという部分がうちの一つの強みだと思っています。

これもちょっと余談になりますけれども、先日、銀座の絞りフェアの案内状を作っていたんですけれども、そのときにうちの若いデザイナーの子が、社長、そろそろ絞りフェアの名前変えません？って。22年間続けてきたということは、これはお金では買えない部分なんですよね。ですから、このロゴだったりとか、そういった昔からの蓄積というものは絶対強みであり、絶対失ってはいけない部分なんですよね。それにプラスアルファ、パンフレットのデザインを変えるというのは、これは全然オッケーなんですけれども、そういう核として押さえておく部分と、変えていく部分のこの辺のバランス感覚というのが、うちの強みだったんだろうなというふうに思います。

【長沢】 じゃあ、今日は京都から吉岡甚商店社長兼京都絞り工芸館副館長……。館長はお父様ですよね。

【吉岡】 そうですね。

【長沢】 の吉岡社長をお招きして、熱く語っていただきました。また、お着物で非常にムード満点でよかったと思います。理工学部の金子君と文化服装学院の新井君、そして4代目になるかもしれない御子息もわざわざお越しいただきありがとうございました。最後に大きな拍手お願いします。どうもありがとうございました。(拍手)

3

とみや織物 株式会社

――ブランドとは、伝統にしがみつかず常に新しいものに取り組むこと

ゲスト講師：とみや織物 株式会社 代表取締役社長 冨家靖久氏
開催形態：早稲田大学ビジネススクール「感性マーケティング論」〈第13回〉
日 時：2016年11月16日
会 場：早稲田大学早稲田キャンパス11号館901号室
対 象：WBS受講生
音声起こし：吉富朝香（WBS生。前半部分）、長沢研究室（後半部分）

●会社概要●

とみや織物株式会社

代表取締役社長：冨家靖久
創　　業：1867年（明治初年）頃
設　　立：1956年（昭和31年）
資 本 金：1,000万円
売 上 高：３億円
従 業 員：20名
本社所在地：
　〒602-8335　京都府京都市上京区七本松通中立売上る一観音町428
　TEL 075(463)1234　FAX 075(463)1244

〈関連会社〉
株式会社冨家機業店（美術織物製造販売）
　〒602-8495　京都府京都市上京区千本通寺之内西入る新猪熊町384-1
　TEL 090(2284)1038（工場長）
株式会社トリエ（カジュアルきもの製造販売）
　〒540-0034　大阪市中央区島町1-1-2　丸善ボタンビル２Ｆ
　TEL/FAX：06(6585)0335
株式会社結衣（きもの着方教室）
　〒569-0804　高槻市紺屋町7-13 浜屋高槻ビル４Ｆ
　TEL：072(669)9111　FAX：072(669)9070

冨家《とみいえ》 靖久《やすひさ》　略歴
1966年生まれ。同志社大学経済学部卒業。サラリーマンを経験後、1998年　とみや織物株式会社入社。2006年　専務取締役就任、2013年　とみや織物代表取締役社長就任、現在に至る。2010年伝統的工芸品産業功労者等経済産業大臣表彰。現在、西陣織工業組合理事。

【長沢（司会）】「感性マーケティング論」第13回目のゲスト講師として、とみや織物株式会社　代表取締役　冨家靖久様をお迎えしています。

私が京都企業を研究しているということで、西陣ご出身の亀田さんというコンサルタントの方から紹介いただだいて西陣の本社・美術館に伺いましたところ、圧倒されました。そこで私の授業にお呼びしたという経緯です。それでは、冨家社長にご登壇いただきます。拍手でお迎えください。（拍手）

【冨家】　みなさん初めまして。京都から参りました西陣織の織元をしております「とみや織物株式会社」の代表取締役社長、冨家靖久《とみいえやすひさ》と申します。年齢は50歳（講演当時。現在は53歳）のバブル世代です。実際の年齢よりも若く見られるのですが、それは西陣の景気がよくて、若いときに苦労していないからです（笑）。今、とても苦労しているので、その話を聞いていただきたいと思います。社長になって3年目です。父から事業を承継して、業績不振から脱却しようと経営改善にあがいている最中なので、前向きな夢のある話よりも、地味な苦労話が多くなると思いますが、よろしくお願いいたします。

ちなみに、今日私が着ているのは「西陣お召し」という着物です。江戸時代、十一代徳川将軍家斉《いえなり》が好んで着た「お召しもの」やったということで「西陣お召し」といいます。

この着物は、ずいぶん前の話ですが、小泉純一郎元首相が要人と会う時に着るために誂えたのと同じ生地、色目やそうで、首相がこれを着て要人と会うという場面からもわかるとおり、最高の礼装用の着物です。主にフォーマルの着物や帯地を製造している産地である西陣内で誂えたものです。

着物の基本

いろいろと話を進める前に、まず着物の基本についてお話ししたいと思います。過去に出会った多くの方が着物に関する知識をあまり持っておられないのか、「仕事は西陣織です」と言うと「着物屋さんですね」とおっしゃる方が大半なんです。それと日本の代表的な伝統衣装やのに、着物があって帯があって、など着装が具体的にどうなっているか、ほとんどの方が、特に男性がですが、正確に理解されていないといつも感じますので、そのあたりを簡単におさらいします。

今、日本で唯一、この写真1のような着物ショーを毎日やっているのが、京都御所の近

写真1　西陣織会館での着物ショー

出所：西陣織会館

所にある「西陣織会館」です。今日、この教室には外国の方もいはりますので、改めてお伝えすると、着物というものは、基本的に着物と帯と、大きなものはその2つで構成されています。写真には伝統的な着物と今風の着物が共に写っていますが、実は日本人でもよくわからない。着物は全部同じ仕様でなくて「格」があるので、いくつか紹介します。

写真2は、「振袖」という未婚の女性が着る礼装用の着物です。普段ではなく晴れの席で着ます。特徴は柄がいっぱいあって、袖が振るほど長いんです。そやから「振袖」。帯は華やかなフォーマルの袋帯で、一般的な「太古結び」ではなく変わり結び

写真2　振袖

出所：西陣織会館

をしていることが多いです。

次に留袖。これは既婚の女性が晴れの席で着る着物です。裾だけに柄があって、背中にその家の家紋を入れます。色留袖と黒留袖と2種類あって、黒が格上になります。ひと昔前の結婚式やと、新郎側は黒留袖で、新婦側は色留袖で、と両家で相談してドレスコードを決めるとか、先人は「格式」に配慮してきはったんでしょうね、示し合わせてきっちり晴れの席を守るというのが日本の文化のひとつかなと思います。

ほかにもＴＰＯに応じて、訪問着とか付け下げとか紋の入った色無地とかがあって、この写真3は、小紋の着物です。カジュアルなんですけれど、何がどう違うかわか

写真3　カジュアル着物

出所：(株) トリエ

らはりますか。これは洋服でいう普段着。洋服にもドレスコードがあるように、着物も全部一緒じゃなくって、フォーマルとカジュアルがあるんですよ。考えてみれば当たり前のことで、ジーパンで結婚式に参列する人はいないですよね。洋服も着物も一緒なんですが、フォーマルというのは自分のためでなく相手のために着ます。相手のことを重んじて、失礼のないように着る。写真3のようなカジュアル着物は、自分の楽しみのためにファッションとして着ます。

それと、「着物」という単語ですが、ほかにも呉服とか和服とか言いますけれど、もともとは「着物」とだけ言うてたらしいんです。それが明治維新後に洋服が入ってきて、着物という言い方をやめようかと「和服」と名付けたり、呉の国から来たということで「呉服」と名付けたりしたようです。「呉」は三国志の時代、日本は卑弥呼の時代ですから、着物を着てないので、だれが言い出したのかわかりませんが、おかしいですよね。

もう一つのルールは、季節によって素材や仕立て方が違うということです。暑い時期は、薄い単衣であったり、素材が麻だったり、絽や紗といった透けた織物であったり。冬は、着物は合わせやし、羽織もコートも着ますし。こういうことを聞くと着物は難しいと思わはるけれど、洋服と一緒です。真夏にセーターを着ている人はいないですし。ところが着物が普段の生活から離れた今日、とっても難しくて面倒なものという印象を受けてしまうのは残念です。

西陣の地理

次は、西陣の地理のことをお話ししたいと思います。まず京都は琵琶湖が近くて、潤沢に水がある染色に向いた土地なんです。鴨川、桂川の水も豊富で、京都はどこを掘っても井戸ができるといいます。いきなり脱線しますが、京都の南には今は埋め立てられた巨椋池という大きな池があったんです。京都は三方が山に囲まれて、南に水があって龍が守っているという風水ではとてもいい土地だということで、ずっと特に大きな災害もなく守られてきたそうです。都市伝説ですが。今、大河ドラマ（講演当時）で真田幸村が大阪城で負けかけていますけれど、大阪城はその風水の「気」が大阪湾に抜けてしまうあかん土地やと風水に詳しい人が言うてはりました。

京都の上《かみ》のほうに御所があって、西陣はその左側一帯です。この辺りの地名は「上京区」で、実は「西陣」という地名は存在しないんですが、上京区の特定のエリアを「西陣」といいます。上京区の左右には「左京区」と「右京区」があります。地図の右側が「左京区」で、左側が「右京区」といいます。右側やのに左京区っておかしいですよね。それは天皇が南を向いた左側を左京と言うてはったからやそうです。

「西陣」の名前の由来は室町時代の「応仁の乱」です。1467年から10年の間の戦争ですが、その時に山名宗全率いる西陣《せいじん》と細川勝元率いる東陣とに分かれて争いました。京都は町中が燃えてしまったという話ですけれど、その東陣が御所のそばで、西陣は今の地図でワンブロックしか離れてないんです。それで「町中が燃えた」という話になっているのは不思議です。千本釈迦堂が当社の近くにあるんですが、そんなに離れていないのに、応仁の乱で焼け残り国宝に指定されています。その応仁の乱が終わってから、西陣の跡に織屋さんが戻ってきた。戻ってきたということは、元々が織物の産地だったということですが、その話は割愛します。西陣《にしじん》というようになって、来年で西陣呼称550年（講演当時。現在は553年）で、組合で550年イベントを予定しています。ちなみに、吉本の芸人が「京都人の言う〈先の大戦〉は応仁の乱や」と言うていますが、そんなことないです。

特筆すべきは、日本中に織物の産地がありますが、西陣以外の産地は自分で使うために織物を作って、その余った生産力でできたものを売りにいくんですが、西陣だけは特殊で、最初から自分のものを作っていないんです。京都にいる一流品を求める人たち、日本で一番アッパーな人たちが対象顧客やったので、西陣だけが豪華絢爛な織物に進化したんやと聞いています。

ちょっと余談になりますが、「鳴くよ　うぐいす　平安京」に天皇を呼んだのが、絹織物の技術を持っていた京都・太秦《うずまさ》の秦一族だそうです。絹織物は中国で発明されましたが、中国からヨーロッパまで絹糸や絹織物が運ばれたので、シルクロードと名前がついているぐらいです。たとえば、クレオパトラが同じ重さの金と絹糸を交換したという話を聞いたことがあります。その絹織物を日本に持ってきた秦一族の氏神が蚕ノ社《かいこのやしろ》というところなんですけれど、日本でも珍しい三本鳥居なんです。普通は鳥居は二本のものしか見たことないですが、ここだけ三角形で、それがユダヤの紋章だそうです。これも都市伝説ですが。

聞いてほしいのが、くだらない話。「くだらない」という言葉がありますけれど、それが西陣と関係があるそうです。新幹線で「上り」「下り」といいますが、その「上り」は東京に向かうほうですよね。なんでか知ったはりますか。東京に天皇陛下がいはるからですよね。昔は京都に天皇がいはったから、京都に向かうほうが上り、京都から出るほうが下りですよね。それで、京都のものは一流品ばかりなので、京都から出ていく「下りもの」はいいものばかりやったという話です。逆に粗悪品は京都から出て行かないから「粗悪品はくだらない」んです。この話を「西陣織はくだらない」と聞き違える人がよくいるんですが、西陣織はくだるんです。（笑）

写真4は本社ビルです。建ってから40年くらいです。未だに西陣関連企業でこれより大きなビルはありません。これを建てたときは周りから「とみやさん、大きな棺桶を作ったはる」と京都人らしいイヤミを言われていました。当時、過大な投資で倒産するという噂

写真4　とみや織物本社ビル

出所：とみや織物（株）

やったそうです。

写真5が、自社の工房です。本社のそばにあります。西陣織というと多くの人が手織りでぱったんぱったん織っていると思わはるんですけれど、西陣織の99%は動力を使った力織機《りきしょっき》で織っているんです。今検定ブームですが「きもの検定」にこの工房も取り上げられていて、西陣では一、二を争う規模の大きい工房です。

写真6は明治時代の地図で、今の「大宮今出川上る」界隈です。京都は道路の交差点を基準に、上がる、下がる、西入る、東入る、で住所を表現し、実際の地名はおまけみたいに使っています。最近、他県の方から「検索できない」というクレームが増

写真5　とみや織物の自社工房

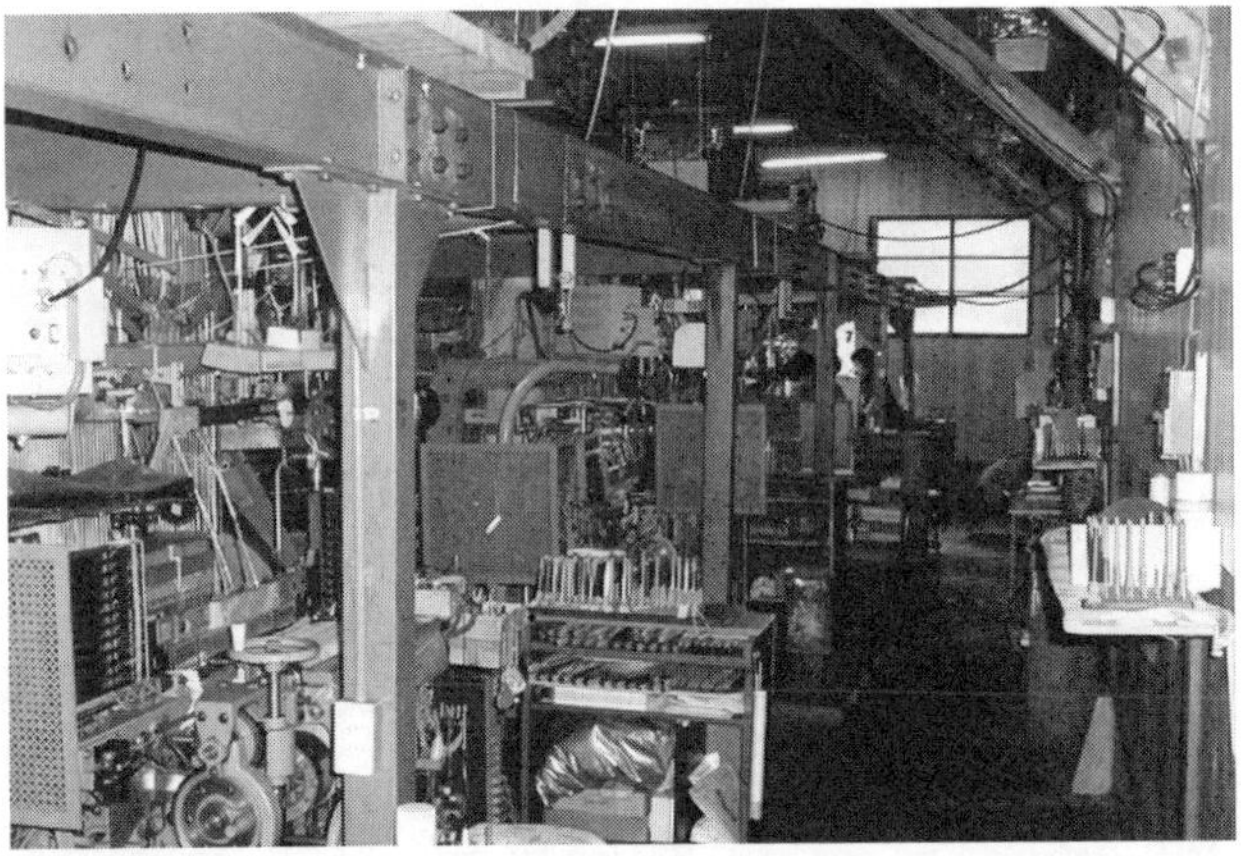

出所：とみや織物（株）

え、見直さないといけないと思っていますが。当時この道が「千両が辻」という一日に千両が動いた商業地でした。そこに居を構えていたので、昔はうちも大金持ちだったようです。京都の道は碁盤の目なんですが、碁盤の目やから道の真ん中の家ほど奥行きがあって、端のほうは小さくなっています。そやから道の真ん中の人ほど裕福。それと裕福でも貧しくても間口がみんな一緒というのは、秀吉のせいで、秀吉が固定資産税を面積でなく間口にかけて、京都の家は「ウナギの寝床」といいますが、奥のほうに長くなる家ばかりになってしまったそうです。

写真6　明治時代の「千両が辻」界隈

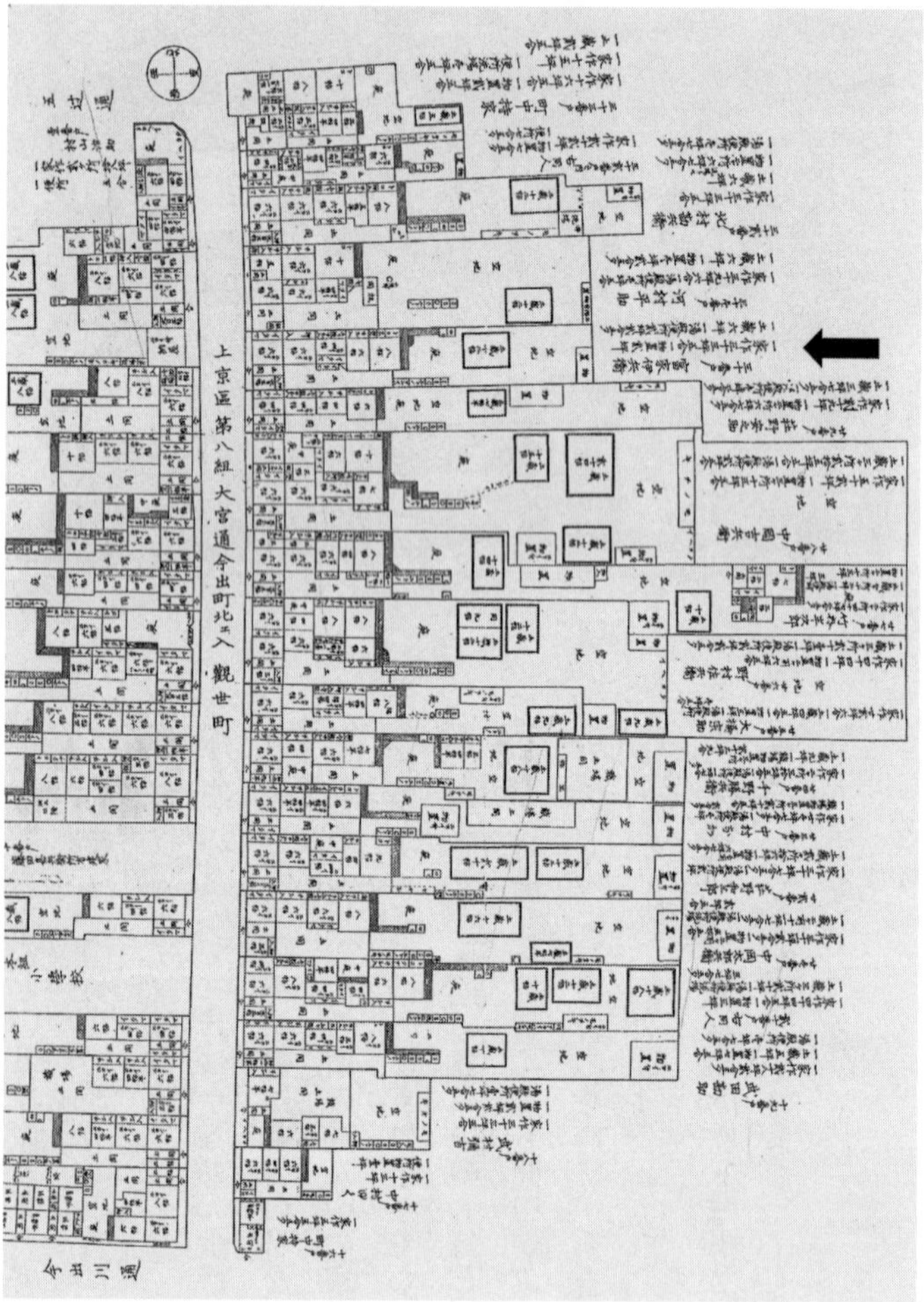

出所：とみや織物（株）

服飾史

次に、日本の服飾史に少し触れたいと思います。もともと織物は肩幅で作るのが基本です。両手を動かして作業するのには、一番生産性が高い幅なので、着物も帯も織物は肩幅、せいぜい40センチぐらいまでで昔も今もそれは変わらないです。

服がどうやってできてきたかというと、写真7を見てください。服の最初は「貫頭衣《かんとうい》」やそうです。①肩幅の反物を織ったら、②その布を2つつないで、頭を通すところを空ける。それが服の最初やったそうです。③寒いのでそれに袖を付ける。④袖を付けたら着にくいので、前を開ける。⑤前を開けたら寒いので、重ねて閉じる。これが着物の原型になったそうです。実は着物って合理的にできているんですね。

古墳時代の服装はツーピースだったそうですが、奈良時代に着物になったそうです。今は着物は右前、ややこしいんですけれど左の襟が上ということですが、それは719年の「衣服令《えぶくりょう》」という法律からで、それまでは右前、左前のきまりはなかったそうです。

平安時代には、遣唐使を止めて鎖国になり日本の文化が花開く時代になりました。源氏

写真7　貫頭衣《かんとうい》

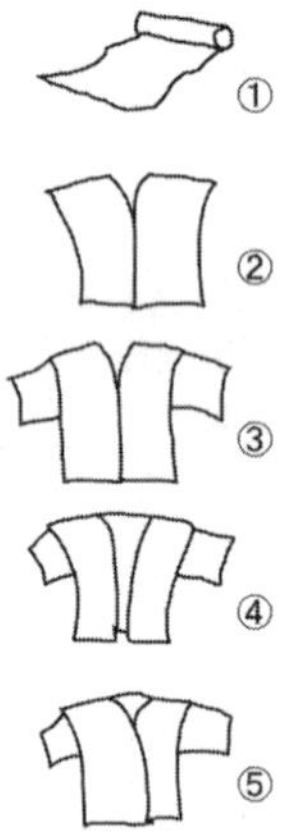

出所：とみや織物（株）

物語絵巻を見ると、十二単が描いてあります。

鎌倉時代は、武家の時代になって着物が簡素化し、上着を脱いで今の着物に近いような感じになってきます。

安土桃山時代、帯はまだ紐みたいな感じですが、着物のかたちはほぼ今と変わらないです。

江戸時代の中頃になって、宮崎友禅斎が画期的な染色技法、友禅染めを発明するんですが〔注〕、その時代にほぼ今の着物っぽくなってくる。帯の長さもだいたい今ぐらいになってきて、切手にもなっている有名な「見返り美人」のきもの姿がわかりやすいと思います。

写真8　帯の太鼓結び

出所：西陣織会館

それと帯の太鼓結び。今の帯の結び方は写真8のような形なんですけれど、江戸の中期、1813年に江戸の亀戸天神で太鼓橋が再建されたときに、深川の芸者衆がそれにちなんだ新しい帯結びを発明し、以降それがスタンダードになったそうです。

話は脱線しますが、「玉の輿」という言葉は西陣が由来やそうです。お玉という西陣の八百屋の娘が、三代将軍家光に見初められ、お輿に乗って嫁いだので「玉の輿」と。

もうひとつ、江戸時代にぜいたく禁止令が時々出されるんですが、江戸の商人たちは少しでもおしゃれをと、羽裏にこだわったり、江戸小紋で目立たない贅沢をしたたり、「八十八茶、百鼠」という色の多さを生み出したりしています。

明治維新。西陣は大きなダメージを受けます。遷都したことで、多くのお客さんが江戸に移ってしまいました。それとこのインパクトが大きいのですが、廃藩置県で武士が全員失業しました。この時の日本の人口が三千万人ぐらいですけれど、そのうちの1割が武家やったそうで、それが全員失業したので需要が大幅に減少したそうです。ちなみに当時の商人は裕福でも、絹でなく綿か麻を着ていたそうです。

その後、文明開化で洋服が増え、大正になると着物と洋服が半々くらいになってきています。徐々に着物の需要が減ってきていますが、この頃の絵を見ても、まだまだ半分の人は普段で着物を着ている時代です。

太平洋戦争で奢侈禁止令が出て、当時は手織りの職人だった私の祖父も機織りができなくなってしまいました。実は、祖父は戦争が始まるとすぐに郵便局に勤めて、郵便業務は国家の大事な仕事だということで兵隊に行かなくて済んだみたいです。それで戦争が終わったらすぐに機織りに戻るということをしたそうです。戦中から戦後は、闇で機織りをしていたので、お金はたくさんあったみたいで、タンスの中とか畳の下とかお金を隠すところがなくなるほどいっぱいやったらしいです。明治に千両が辻で金持ちやったのが、大正に曽祖父が早死し貧乏やった祖父は、ここで巻き返したそうです。

そして戦後の高度成長。「ガチャマン」といわれる時代で、着物が爆発的によく売れた時代です。その当時は和装産業は2兆円の市場規模でしたが、今は3千億円まで落ち込みました。ガチャマンというのは、ガチャンと一回織機が動けば、万札が上からぱらぱらと落ちてくるということだそうです。

なんでそんなに着物が売れたのかという話ですが、業界の重鎮の方の見解で一般論ではないのですが、戦争で多くの男性が亡くなって、結婚できなかった女性が多くいて、その女性たちが結婚に対してすごい憧れを持ち、結婚したらお嫁入りはすごく立派なものにしないといけないという考えが広がり、フォーマルの着物の需要がすごく伸びたということでした。なるほどと思います。

製作工程

先日、NHKの「美の壺」にも出演したのですが、写真9が機織りの様子です。

写真9　機織り

出所：とみや織物（株）

「西陣織」は「先染め織物」です。織る前に糸をさまざまな色に染めておいて、その色糸の組み合わせで柄を表現します。友禅染めなどは織った生地に絵を描いていくので「後染め織物」といいます。その織物を織る機械ですが、当社は力織機です。手機は今の西陣には1％しかありません。力織機の中でも「シャトル織機」といって「杼《ひ》」が左右に動く織機を使います。

世界の主流は、織物の端に耳を作らないレピア、ウォータージェット、エアージェットなどで、生産性を追求した進化をしていますが、西陣は非効率な肩幅の織機でどれだけすばらしいものが織れるかに特化した産地になりました。タテ糸を持ち上

写真10　西陣織の帯

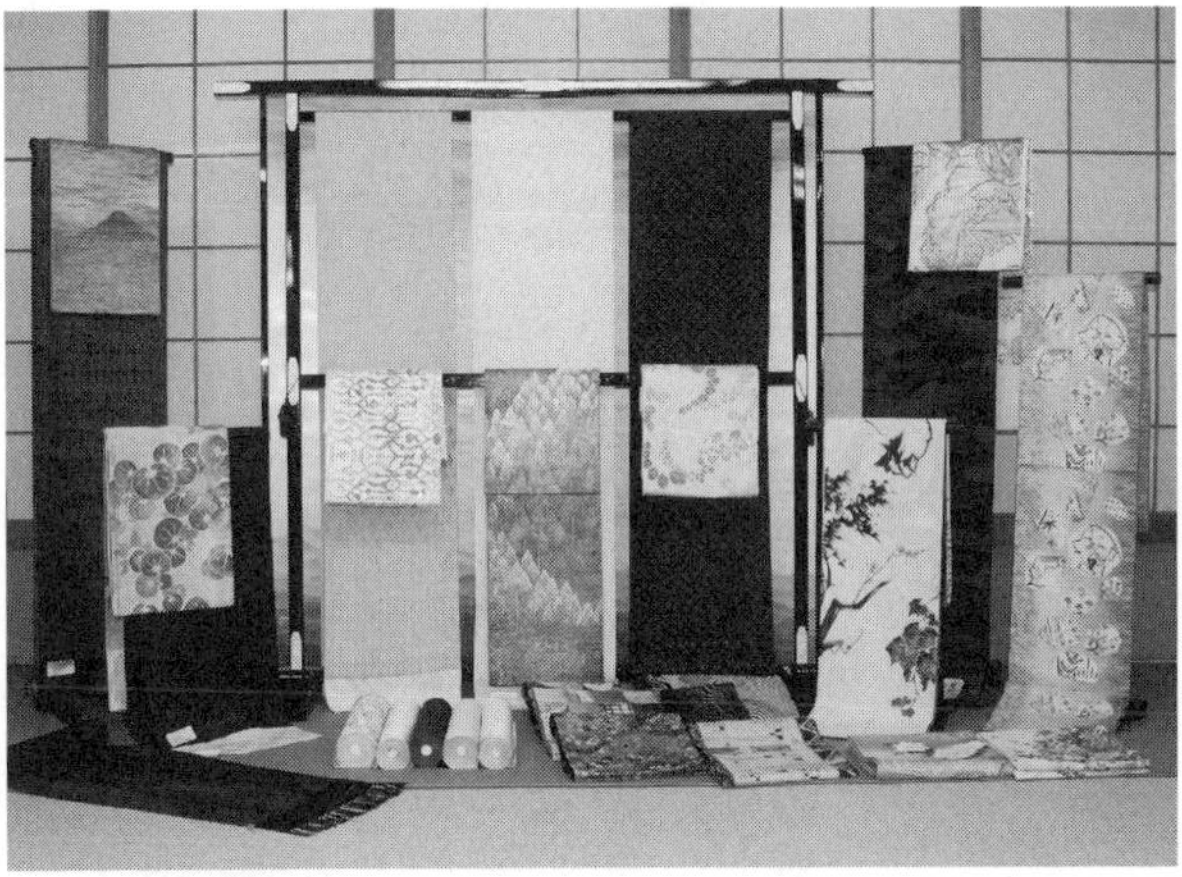

出所：とみや織物（株）

げる「ジャカード装置」も西陣固有の「ダイレクト・ジャカード」が普及し、世界は「電子ジャカード」なので完全にガラパゴス化しています。しかし小幅織機では世界で一番優れた技術を持っていると自負しています。

生産性を競っても、先進国の日本では労働集約的な産業は難しいです。西陣の織元の80％は写真10のような帯を作っています。今日は現物の帯をお持ちしていますので、この帯を廻しますので、ぜひ手に取ってご覧ください。できればお菓子を食べた手とかで触らないでください。（笑）

帯の端から中を覗くとよくわかるんですけれど、写真11のように裏側に糸がたくさ

写真11　西陣織は「裏織」

出所：とみや織物（株）

んわたっているんです。これが西陣の特徴の一つです。だから糸が引っかからないように裏側を上にして織る「裏織」なんです。

写真12が絹糸です。西陣は絹織物の産地です。通常はこういうカセとかスガとかいう状態で取り扱います。蚕が吐いたばかりの生糸は硬くて、それを精錬してセリシンという表面にあるたんぱく質を取り除いたら、この触った感じ、風合いがぜんぜん柔らかいでしょ、こういう糸になります。絹糸の断面は三角形なのでツヤも出てくるんです。これで「一スガ」。糸を扱う最小の単位です。雑学ですが、「糸」という漢字の元はこのスガの姿なんです。

西陣は、色糸の組み合わせで柄を織って

写真12　絹糸（スガ）

出所：とみや織物（株）

いくので、相当な糸数が必要になってきます。写真13は「糸棚」の一部です。ずっと奥まで続いているんですけれど、当社でだいたい1000色くらい用意しています。

さて、工程のいちばん最初です。図案を用意します。要は絵を描きます。社内のデザイナーが描いたり、社外の図案家さんに注文したり、図案会でこれはと思う図案を入札して購入したりします。

次の工程は、写真14の紋図作成です。この工程が西陣織の肝です。図案を元に、タテ糸とヨコ糸の交点を何色にするか考えながら、てん、てん、てん、てん、と紋図を描いていきます。図案とは違い用紙は細かいマス目になっていて、そのマス目の一つ

写真13　とみや織物の糸棚

出所：とみや織物（株）

写真14　紋図作成

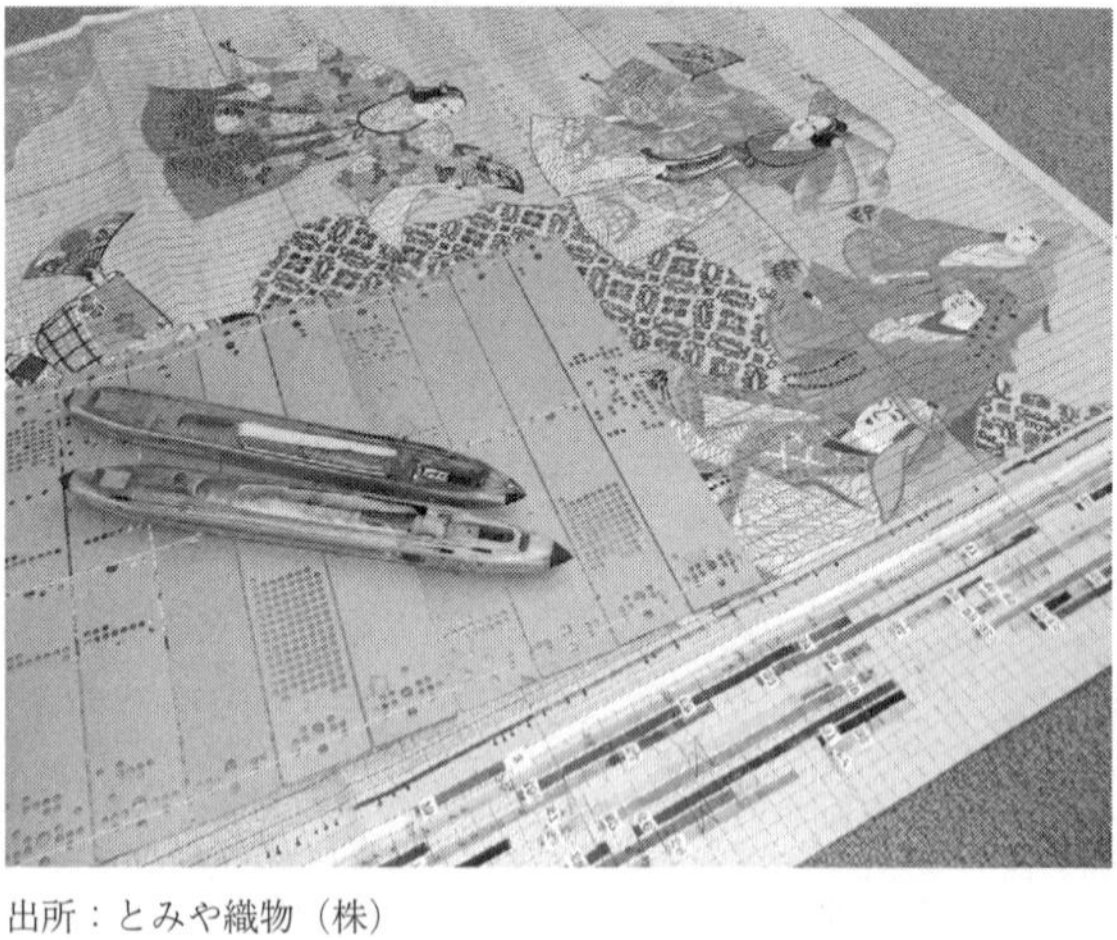

出所：とみや織物（株）

一つを塗りつぶしていきます。この工程で、色糸をどう配置してどう織っていくかを決めます。

それと、この紋図の右端を見てください。色の線がありますけれども、これは「メートル」といいます。一越《ひとこし》（織物の一段）を織るのに、何色のヨコ糸が必要かということが表現されています。この紋図の場合、一段が10色程度で描かれています。この紋図を織りはじめたら一尺、40センチ程度しかないんですけれど、それだけを織るために何万本かのヨコ糸が必要になってきます。

西陣織が他産地と決定的に違うのはこの「大きな紋織物を作る」ことです。昔はピアノ・マシンという機械で、紙をパンチカードみたいに穴をあけ写真14のように紐でつないで作っていました。それでジャカードというタテ糸を上げ下げする機械を動かして織っていたんですけれど、それがフロッピー・ディスクを使うようになり、紙を加工しなくてよくなった分だけコストダウンできました。最近はフロッピーがなくなり、今はUSBメモリに移行しようとしているところです。写真15に写っている穴の空いた紙が紋紙なんですが、この一枚の紙で、必要なタテ糸が持ち上がり、ヨコ糸一本がタテ糸の隙間にぴゅっと織り込まれる動作を指示できます。フロッピーになっても、USBメモリになっても、紙

写真15　整経《せいけい》工程

出所：中島整経

を作る手間はなくなりますが、この紋図作成の作業は減らず、いちばん大変な工程です。

次は糸染めです。配色が決まったら、絹糸を染めます。元は写真12のようなカセの状態ですが、枠に巻き直して、最終的は管《くだ》に巻いて、写真14にあるシャットルに入れて織っていきます。しばらく織って、管の糸が無くなったらまた入れ替えて織っていきます。他産地ではシャトル、スペースシャトルのシャトルですが、西陣では「シャットル」と訛るんです。先っちょがとんがっているので、注意して触ってみてください。触ると痛いので気をつけて。西陣織はこのシャットル織機が主流で、タテ糸の両端で折り返しながら織っていくので、しっかりした耳ができるんです。

ヨコ糸の準備よりもタテ糸の準備のほうが大変です。次は、整経《せいけい》という、タテ糸を並べておく工程です。当社の場合40センチくらいの幅で約3000本のタテ糸を並べます。50メートルほどの長さの絹糸を同じ張力で3000本並べるのは神業です。写真15では職人さんがひたすらにタテ糸を並べてくれています。大きなドラムを回しながら作るので、自分では自虐的に「ネズミ男」といわはりますが、現場を見ると、職人の技に驚嘆します。

他にも、綜絖《そうこう》という機ごしらえの工程、古いタテ糸と新しいタテ糸をつなぎ合わせるタテ継ぎの職人さんとか、筬《おさ》にタテ糸を通す筬通しの職人さんとか、それぞれがけっこうな手間仕事で、「織る」ことにたどり着くまでに、多くの準備工程があって西陣織が成り立っています。

西陣織の中でも特に絶滅危惧種が、写真16の帯です。光っているところが本金箔でできている当社でも最上級の帯です。どうやって織っているかというと、写真17のように、まず和紙の上に漆を接着剤にして金箔を貼り合わせていき、最後にそれを糸状に裁断し、それを一本ずつ織り込んでいきます。箔を引いて織り込んでいくので「引箔《ひきはく》」というています。この箔を織り込むのには、たいへんな技術がいるんです。一本でも裏返ったら、難物

写真16　本金箔でできている最上級の帯

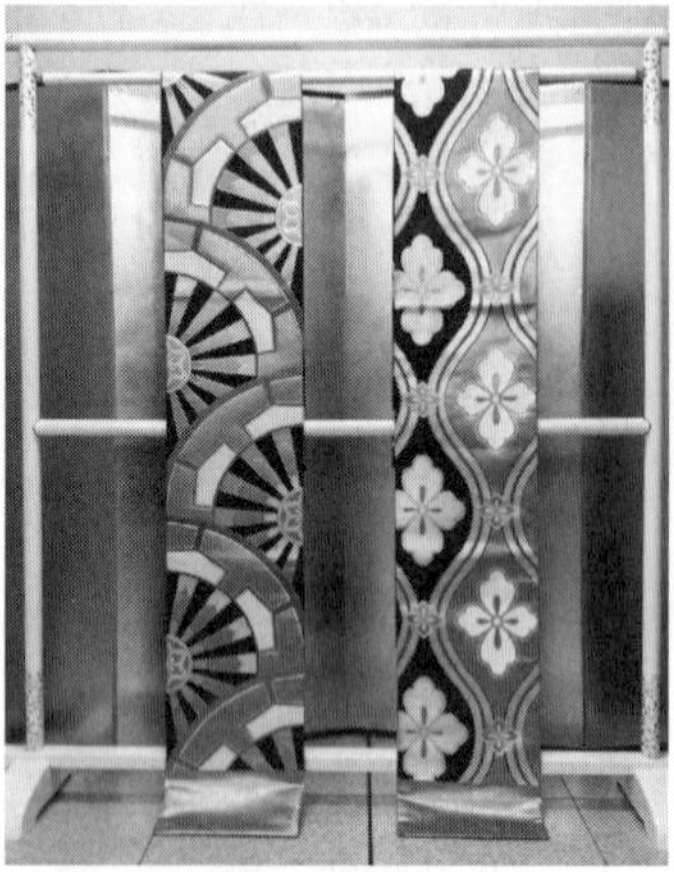

出所：とみや織物（株）

写真17　引箔《ひきはく》工程

出所：とみや織物（株）

になって売れなくなる。うちでも職人さんが歳を取ってきたのもあって、ベテランでも織るのを嫌がらはるんですよ。それに長い不況でこういう高額品が売れにくい時代ですから、西陣でも引箔を織る織元が減ってきて、箔屋さんが存続の危機です。

伝統工芸

西陣織は伝統工芸の一つですから、まずは伝統工芸全体の数字を見てみたいと思います。そもそも伝統工芸というのは「伝統的工芸品産業の振興に関する法律（伝産法）」に基づいて「伝統的工芸品」といわれています。「主として日常生活で使用する」と定義されていますが、実際には伝統工芸は日常生活で使われなくなってきています。「百年以上の歴史がある技術が使われていること」「手作業が中心であること」「原材料が百年以上使用されていること」「地域産業として成立していること」という厳しい規定があり、現在222品目（講演当時。現在は232品目）を国が指定しています。

伝統工芸の産地は全国にありますが、品目は京都が圧倒的に多いです。それと伝統工芸全体では織物が一番多い。西陣織以外にも博多織、桐生織、紬では大島紬とか結城紬とか。京都だけやと17種類の伝統工芸があるんですが、規模は西陣が突出しています。（注：西陣織、京鹿の子絞、京友禅、京小紋、京黒紋付染、京繍、京くみひも、京漆器、京指物、京仏壇、京仏具、京石工芸品、京人形、京扇子、京うちわ、京表具、清水焼）

なかでも「西陣織」と「清水焼」は「京」の字がなくても京都だと認知されているので、ブランディングは成功している工芸品だといえます。

現在日本で登録されている伝統工芸士は４４４１名で、うち女性は５６９名。京都府だけでは９８７人です。当社にも伝統工芸士はいます。ところで、伝統工芸が文化であるなら、伝統工芸士は文科省の管轄でないかと思うんです。それが経産省なので、実は本当の目的は弱者救済なのかなと思っています。同じような言葉で「人間国宝」がありますが、人間国宝が作ったものは国宝ではないんです。それと西陣の大先輩が言うてはったのですが、工芸は落語と同じで、同じ話が語り継がれるけれど、おもしろさは人によって違う、工芸にはそんなおもしろさがある、と。なかなか含蓄があります。

日本全体の伝統工芸の企業数は約1万７０００社、従事者数は10万人を切っていて、生産額は１７００億円ぐらいしかなくて、大企業の一事業部ぐらいかもと思えるほどの大き

資料1　伝統工芸品の生産額の推移（業種別、H22-28）

単位：百万円

工芸品	H22	H23	H24	H25	H26	H27	H28
織　物	26,521	27,366	24,849	25,107	24,653	22,235	20,098
染色品	26,356	25,905	26,480	22,635	21,093	19,158	16,256
陶磁器	21,125	20,488	19,908	18,929	19,251	20,927	21,083
漆　器	10,032	7,847	7,172	9,613	8,456	11,176	11,328
木工品	1,906	1,906	2,559	2,573	2,556	2,462	2,466
金工品	4,678	3,797	3,719	8,638	4,401	5,305	4,432
仏壇・仏具	1,772	2,864	3,026	3,018	2,962	2,690	3,778
和　紙	882	814	891	799	825	832	805
石工品	1,044	867	863	760	805	801	795
人　形	4,429	4,024	3,962	3,621	3,604	3,499	3,343
その他工芸品	4,075	3,831	4,614	3,597	5,343	5,522	5,471
工芸用具・材料	338	2,898	3,002	2,983	2,849	3,179	3,130
合　計	103,158	102,607	101,045	102,273	96,798	97,786	92,985

出所：伝統的工芸品産業振興協会

さしかないです。ちなみに、企業数は昭和54（1979）年の3万4043社、従事者数29万人がピークでした。生産額は昭和59（1984）年の5237億円がピークでした。

資料1が、平成22（2010）年から28（2016）年までの統計資料ですけれど、ほんの数年やのに織物の生産額が4分の3になっているので、伝統工芸の繊維関連はほんとに大変な状況なんです。

伝統産業全体のアンケート結果を見ると、「産地情勢」に関しては、「下降」か「横ばい」と回答するところが大半です。「上向き」という回答はごくわずか。ごくわずかでも「上向き」やって言うているところがあるということは、やっぱり商売の良しあしは業種でなく方法なのかなと思ったりもします。

それで、次の設問、あかんと言ってはる人の理由を見てみると「生活様式の変化」「景気低迷」「需要低迷」というのがほとんどです。これは全部同じ意味ですかね。景気なり需要なり低迷するのは、結局消費者が離れていっているからで、総論では生活様式の変化かなと思います。

その次の設問の「従事者」は、50歳以上が60％以上を占めています。その後の若手が全然いないです。なので最後の設問の「産地の問題点」は「後継者不足」がトップに上がっています。

西陣を見てみても同じような状況です。職人は、年金をもらいながら織ったはる世代が中心層です。供給過剰なので競争原理が働いて、年金があるからその分の工賃を下げて働いてしまわはるんです。そうすると新規参入したい若手が入れない。まともに給料もらって家族を養わなあかん人たちが入れなくって、継承せなあかんと言いながら、高齢者は自分たちががんばるから、後継者は育たないという状態になっているんです。

着物産業

一般の方の「着物に関するアンケート」ですが、どのアンケートでも90%以上は「着物に興味がある」と回答します。だから着ているのかというと、ほとんど着ていない。その着ていない理由を聞いてみると、ベスト3が、①自分で着られない、②着て行く場所がない、③メンテナンスが大変、という理由が挙げられます。その解決を業界が提示していないことは大きな問題です。

しかし、実感するのは、わずかとはいえ着物姿は明らかに東京では増えていると思います。日本橋界隈でも、ユイトとかコレドとかに次々と和に関するお店が増えていますし、リサイクル着物はブームになっている。京都ではレンタル着物が急増している。

ところが残念ながら、その需要増はもともとあるわれわれの着物産業にはあんまり寄与しないんです。西陣が今まで作ってきた金銀糸を多用した豪華絢爛なフォーマルの帯は、主に婚礼の道具でした。その需要が急激になくなってきたように思います。通過儀礼、晴れの席で着物を着装する機会は減ってきており、最近は結婚式で留袖をあんまり見なくなりましたよね。

　着物市場全体を見てみます。日本のアパレル全体では9兆円あるんです。そのうち婦人向けが6兆円です。そのうち着物市場は2700億円です。ピーク時には2兆円あったんですが、7分の1まで落ち込んでいます。坂道を転がり落ちるように数字が落ちているんです。小売店はどの業種も寡占化が進むんでしょうか、大手チェーン店のシェアが増えていて、日本には着物の小売店が2万店あるそうですが、上位30社で市場の半分を占めるようになりました。

西陣織工業組合

「西陣織」はブランディングに成功した産地の一つです。今でも「西陣織」は日本の伝統産業のブランディング調査のベスト10に入るそうです。「西陣織」がブランディングで成功しているのは、優れた技術があるからだけではなくて、啓蒙努力してきたからです。西陣織工業組合で「帯は西陣」というキャッチコピーを写真18のように掲げて、中小企業

写真18 「帯は西陣」のＰＲ活動

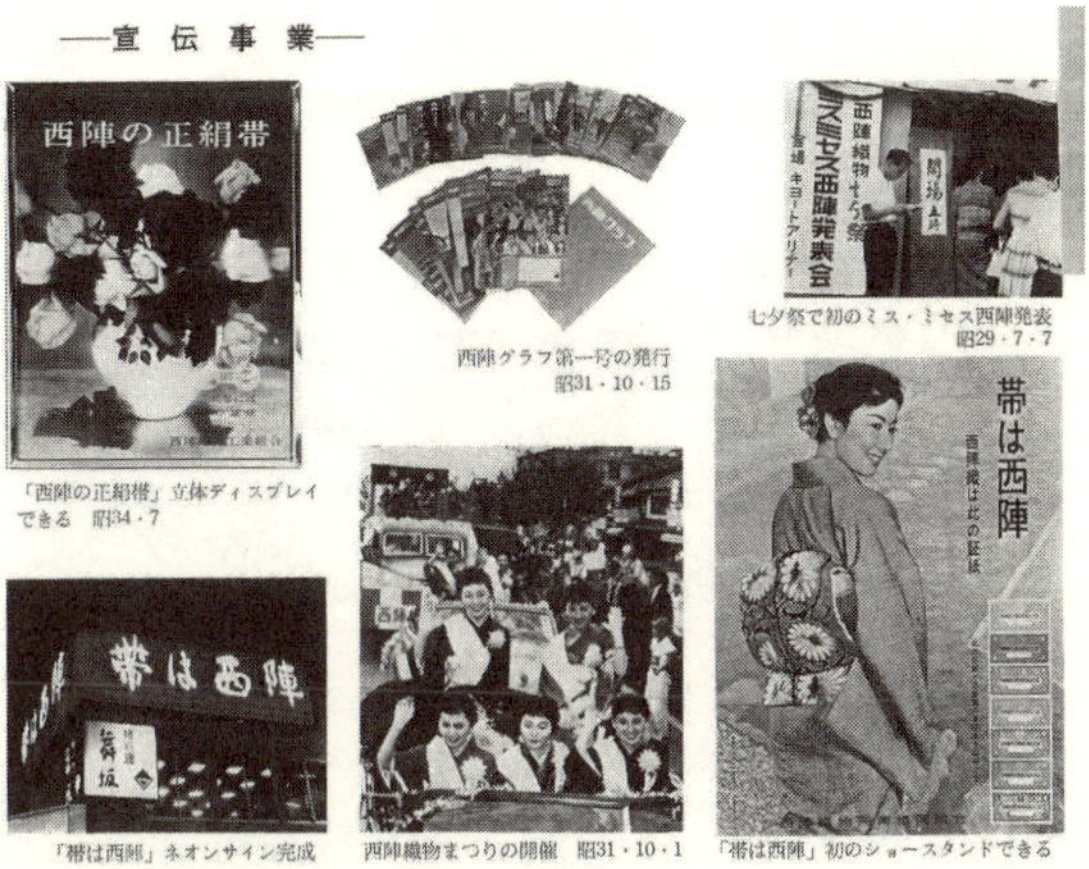

出所：西陣織工業組合

一社では体力的になかなかできないＰＲ活動を組合あげてやってきました。なので現在「西陣織」が高級ブランドとして知名度が高いんです。

日本には帯の三大産地というのがあって、あとの２つは群馬県の桐生織と福岡県の博多織ですけれど、実は高度成長のときに消費者アンケートを取ったら知名度は「博多織」が一位だったんです。それに驚いた西陣の先輩方が「これはいけない」ということで、先ほどのキャッチコピーの話です。技術は西陣が一番だと自負していますが、ブランディングと技術の相関は一般の消費者にはあまり関係ないのかもと思います。技術が一定水準より上ならブラン

写真19　西陣織のメガネ証紙

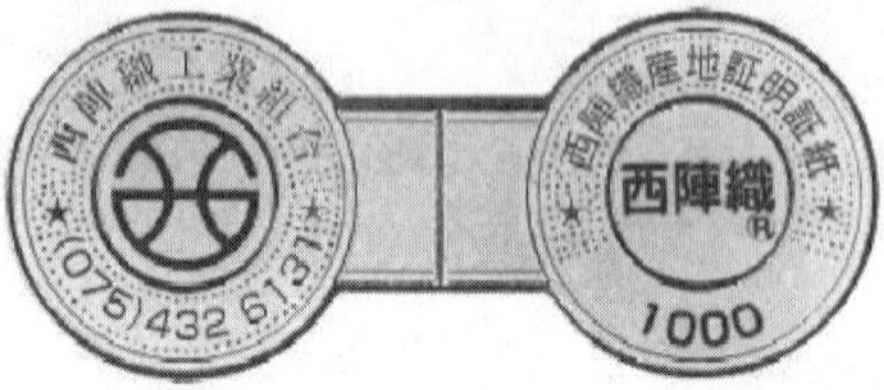

出所：西陣織工業組合

ディングがうまいところが市場を押さえていくんでしょうか。逆に技術にあぐらをかいていると市場で負けてしまいます。伝統工芸にはこの失敗をしているところが少なくないように思います。それとあわせて必要なのはイノベーションですよね。

それとあわせて、この写真19のメガネ証紙が着物市場の中で一定の認知があって、これが貼ってあれば品質は大丈夫、間違いなくメイド・イン西陣という安心感は提供できています。

次に統計を見てみたいと思います。着物産業の市場が縮小する一方ですから、西陣も数字が急激に落ちていっています。西陣織工業組合は日本最大の伝統産業の組合で、組合員は帯地だけでなく着物とか金襴、ネクタイ、ショールや傘の生地を織っている肩傘《けんさん》など、さまざまな織物業がありますが、2000社あったピーク時に対し、平成27（2010）年は376社（講演当時。現在は338社）です。出荷金額は最近では300億円余りです。組合員は帯地だけだと283社（講演当時。現在は256社）。実際に実働している織元は100社ぐらいだそうです。さっきのメガネ証紙を請求しているかどうかでそれがわかります。請求してこないのは、ほとんど織っていない廃業予備軍で、機は少しだけ動かして、静かに在庫をさばいてはります。織屋仲間の調査やと60歳以下の後継者がいるのはたったの60社。そのうちの一社が当社です。

生産現場

生産現場の話です。市場が落ち込んでいくと、生産現場は市場が落ち込むよりもさらに急ブレーキがかかり、きつい落ち込みになります。西陣織の場合、織機一台で織り手さん一人が織ってはるんですが、資料2のように設備が減っていくということは、すなわち雇

資料２　西陣織の設備台数の推移

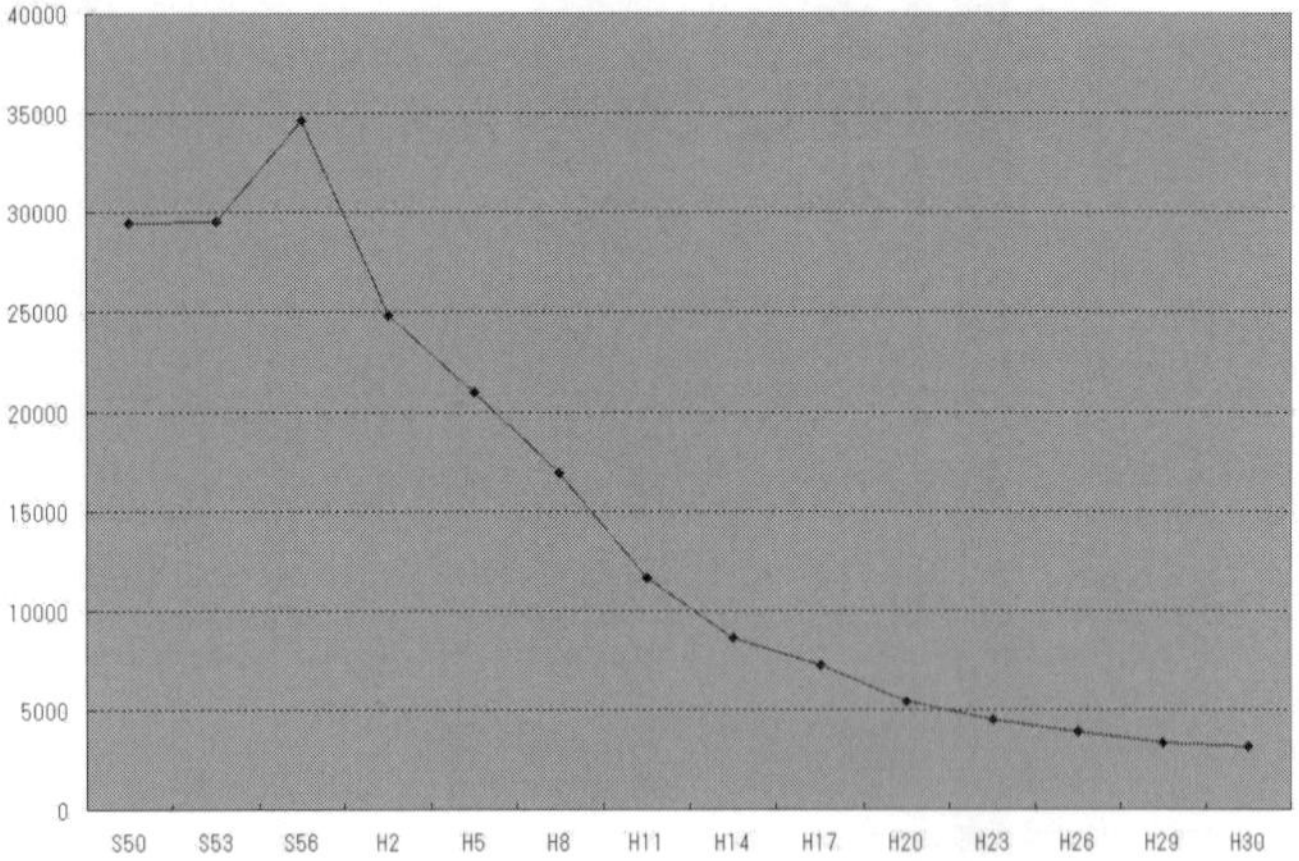

出所：西陣織工業組合

用がなくなるということで、その雇用が西陣織の特殊事情で、雇用でなく業務委託契約になる「出機《でばた》」という体系なんです。西陣や丹後で、自分で自宅に織機を設備投資して、受託生産するという職人さんたちです。ガチャマン時代はサラリーマンより実入りがよかった。労働契約でなくて業務委託契約でがんばるとなると、最低賃金は関係ありません。なんぼでも工賃が下がっていって、今ひどいところでは織機一台で時給250円ぐらいまで落ちているらしいんです。それを2台動かして、何とか時給500円ぐらいでやってはる。電気代も織機の修理代もなにもかも付帯経費は職人の負担ですよ。年金があるからかろうじてやっていける。そういう職人さんが今の生産現場の主流なんです。誰しも元気なうちは失業しないように競争して仕事を得ようとします。そうなると、新しい人たちが入る余地がまったくない。平均年齢70歳を超えた労働市場で、手取り5万円とか8万円とかで、小遣いの足しになればとがんばっていらっしゃる。

そんな状況で、どうやって産業を未来に継承していくかが課題です。多くの経営者にとって、すごくハードルが高い難題で、私も今のところ答えが見つかっていないんです。最近は医療も発達していて、出機のみなさんはまだまだお元気です。しかもその人たちがいなくなれば、それが一番解決かというとそうでもなくて、今出機がなくなったら、次世代の職人が育っていないので、生産ができなくなります。

もう一つの問題ですが、そんな状況なので巷に中古の織機があふれかえっていて、新しい織機が売れなくなりました。結局、織機メーカーさんは全社が廃業、もしくは大手はその部門をやめられて、新しい織機を買おうとしても、今は造っているところがないんです。今は必要ないのですが、いずれ必要になってきます。その時はどうなるんでしょうね。

今は、当社もふくめて設備が老朽化していくので、生き残るためにどこか機屋さんが廃業されるとハイエナみたいに群がって必要な部品を取っていくということを繰り返しています。豪華絢爛な西陣の帯の生産現場の実態は、情けないですがそんな風になっているんです。

これだけの右肩下がりが数年間続くと、織り手さんだけでなく、タテ糸を作る人とか、たとえば引箔とか、昔はフォーマル需要で売れたんですけれど、今はぴたりと止まっているような状態です。そんな感じで絶滅危惧種があちこちの工程で出てくるんです。たとえば、西陣の着物でよく使う御召緯《おめしぬき》の職人がいなくなりそうだと聞きます。波のように織る装置「波筬《なみおさ》」も手に入らなくなりました。クジラの油で作っていた部品がプラスチックになり、鉄がステンレスになり、猫の毛が人口繊維になり、なかなか昔のとおりにはいかないです。

西陣の職人さんはだいたい70歳代、丹後は60歳代が中心層で、あと10年もすれば生産者がいなくなります。若手は、高齢者がいはる間は参入できないし、いなくなっても指導者がいないので参入できない、産業の継承は難しいっていう風になっているんです。うちの場合は自社の工房があるので、将来は当社だけは明るくなることを期待して、新人を雇用し、しっかり迎え入れて技術指導しながら織っていってるんです。その分を顧客に負担してもらえないから、企業としては出血が止まりません。競争に勝てないんです。すごい矛盾があって、将来は諦めてこのまま高齢の職人とできるところまでやっていこうと思う織元が競争力があって、生き残っていこうと思っている織元は投資が必要で、価格的にしんどくなるから負けてしまう。生き残ろうと思ったものが負けるという矛盾した状況になっているんです。

養蚕

養蚕《ようさん》についてです。かつて生糸は日本の基幹産業で、外貨を獲得していました。日本の輸出の50％を超えたときもありました。ピーク時に220万軒あった養蚕農家は今日本には300軒しかありません。「壊滅」しているといえます。

国は絹織物業でなく、生糸の生産を保護してきました。養蚕農家を守る保護政策をとって、海外から入ってきた生糸には高い関税をかける。そうすると絹織物業は国際的に競争力がなくなるので、西陣ではネクタイなどは残念ながら壊滅です。辛うじて着物関連や金襴、クイッククレスポンスに徹したネクタイ屋さんとかが、なんとか生き残っている状況です。現在の生糸は輸入が99％でそのほとんどが中国からです。

違っていたら叱られますが、群馬県に有力な政治家が多かったから、群馬県の農家を守り絹織物業は見捨てられたと聞きました。ただ事実から言えるのは国家が産業に過剰に介入した結果、絹織物は壊滅し、保護した養蚕農家も結果的に壊滅するようなことになり、結局は何も残らない。ほかに政策はなかったのかと思います。養蚕農家の現状も群馬県の養蚕農家の年齢別分布のグラフを見ると、60代以上で全体の70％を占めています。絹製品に対する国産繭のシェアも0・7％とごくわずかです。

日本での絹織物の生産であっても、国産繭による生産品はほとんどないことがこれでわかります。そうするとこれで「西陣織はメイド・イン・ジャパンか」という疑問が当然出てくると思います。私の理解は、西陣織の織技術は複雑で高付加価値です。主たる原価の大部分が材料ではなく織るという行為によるものなので、製品はメイド・イン・ジャパン、メイド・イン・西陣、といえると考えています。

当社の取組み

たとえば、国会議事堂の衆議院議長応接室に掛かっているこの写真20は、元衆議院議長の伊吹文明先生（注：選挙区は京都1区）の肖像画ですが、実は絵ではなくて、西陣織で織り上げられています。その応接室には歴代の衆議院議長の油絵がずらっと掛かっているんですが、油絵って少し暗いんです。その中で先生の肖像画を、背景を金糸の綴《つづ》れで織ったんですが、ぎらぎら光ってその応接室の中で一つだけくっきり浮いて見えるんです。『週刊新潮』の記事になって「辞めてもスペシャルな伊吹先生」という文脈でした。（笑）

現在、このような織物が織れるのは、日本だけでなく、世界でも当社しかありません。写真21のようにアップにすると複雑に織れていることがわかります。ここにお持ちした織物の現物を、織屋が仕事で使うこのレンズで覗くとよく見えると思うのですが、肉眼ではわからんぐらいに細かく織れています。色糸の点の集まりで、できているのがわかると思います。

京都市に「オスカー認定」という制度があって、ハイテク企業が名前を並べる中で、こ

写真20　元衆議院議長　伊吹文明氏の西陣織肖像画

出所：とみや織物（株）

写真21　織物の拡大写真

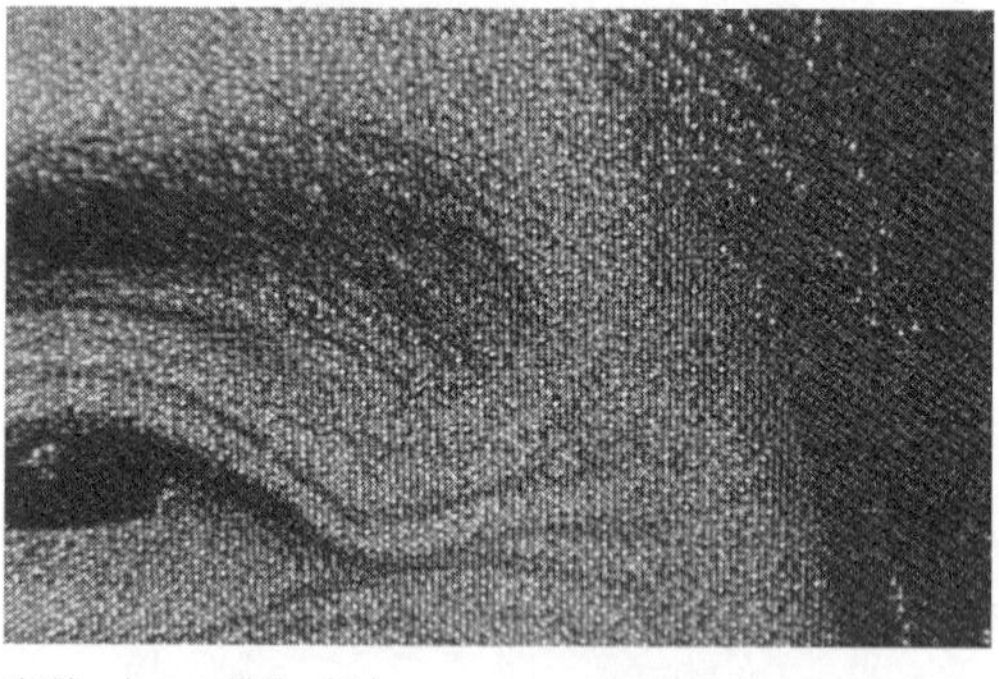

出所：とみや織物（株）

写真22　京都市による「オスカー認定」

出所：とみや織物（株）

の技術のおかげで実際はローテク企業の当社も写真22のように平成15（２００３）年に認定を受けました。そういえば、その表現力のおかげで、当社は西陣唯一のディズニー認定企業でもあるんです。アリエルやシンデレラをどこよりもきれいに織るんですよ。

以前に首相官邸に呼んでいただいて、そのときの首相の森喜朗先生から、外遊でプーチン大統領とブッシュ大統領に会うときの手土産にしてもらったこともあるんです。それぞれの大統領の肖像画の織物です。あとで首相官邸から喜んでもらえたとお礼状が届いたときは、嬉しかったですね。

言ってもいいのかな、首相官邸で話を聞

写真23　聖林寺（奈良県桜井市）の十一面観音

出所：とみや織物（株）

かせてもらっていたら、海外に外遊する時に持っていくお土産は、何かの壺だという決まりだったそうです。それでもその時は特別にお声がけをいただきました。森先生は、伝統工芸の多い加賀百万石、石川県のご出身で、工芸に深い理解のある方です。けれど、その時の新聞記事は森先生のことを悪く書くところが多かったのが残念でした。

また、ノーベル賞を取られた山中教授の「iPS細胞研究所」という建物の織額も作りました。京都から京都府知事賞を贈られた時の副賞でした。行政からの依頼はそこそこ多いです。

ほかには、神社仏閣の仕事もしていま

す。この写真23は、奈良県の桜井市にある聖林寺の十一面観音です。日本で一番美しい十一面観音だといわれています。2メートル以上ある大きな仏像なんですが、仏像研究家の池田久美子先生が何年もかけて失われた光背を再現して、それを西陣織で製織しました。今では、年に二回だけ披露しているらしいです。仏像は日本を代表する国宝ですから、そのすぐ後ろで仏像を壊さんように掛けるのは大変らしいです（笑）。実は2020年の東京オリンピックの期間に東京国立博物館での展示が決まったみたいで、この光背も展示していただけないかと楽しみにしています。

ほかにも、砂曼荼羅というチベット独特のマンダラを織る機会がありました。ダライ・ラマが日本に来られたときに贈られたものです。また、滋賀県の三井寺というお寺から特別に許可をもらって秘仏を織物で再現したり、奈良県の飛鳥寺にある日本で一番古い仏像を当時の金色を再現して織物で再現したりしたこともあります。それと、受験の神様で有名な北野天満宮は50年に一回、三十六歌仙の扁額を奉納する習わしがあり、2002年に西陣織工業組合が奉納したのですが、36のうちの34枚が当社の織物です。おかげさまで西陣の織屋仲間も一目置いてくれている技術なんです。残りの2枚は組合理事長の会社での制作です。今でも境内の絵馬堂に掛けられていて、いつでも見ることができます。

写真24　全国高校駅伝の西陣織ゴールテープ

出所：とみや織物（株）

おもしろいものでは、写真24はゴールテープです。毎年、京都で年末に開催される全国高校駅伝なんですが、京都らしくということで何年か前に西陣織でゴールテープを作ることになりました。ちなみに当社製ではありませんが、タスキも西陣織です。絹が軽くて評判がいいらしいです。このゴールテープは優勝校にプレゼントされるということで喜んでもらっています。その評判がよかったらしく、県対抗女子駅伝、これもお正月に京都で開催されていますが、そのゴールテープの依頼がきて当社で織らせてもらうことになりました。今、試作をしているところです。よかったらテレビで映るので覚えておいてください。

写真25　インドネシア・ユドヨノ前大統領と冨家社長のご両親

出所：とみや織物（株）

写真26　インドネシア・ジョコウィー大統領と

出所：とみや織物（株）

写真27　野蚕糸「クリキュラ」（黄金の繭）

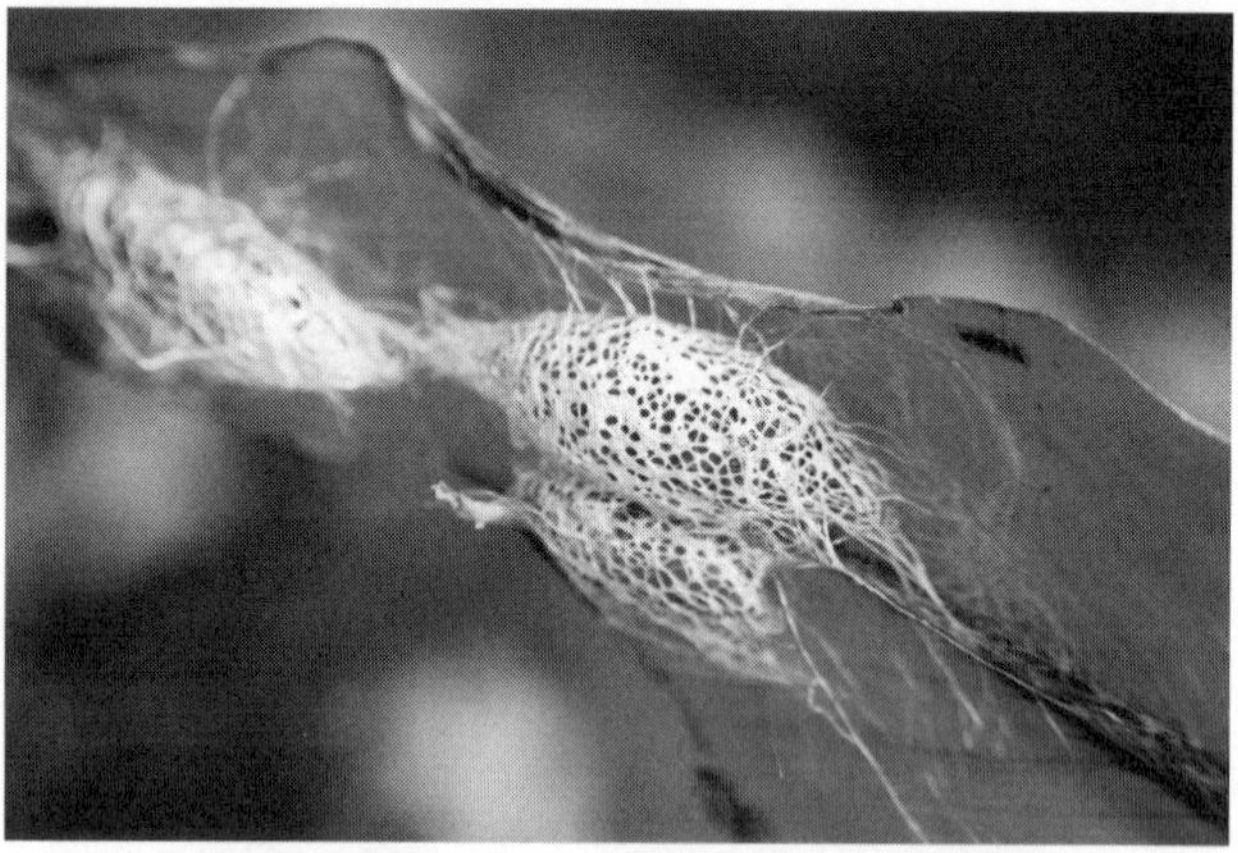

出所：ロイヤルシルク財団

日本だけでなく海外に向けての取組みもしていて、写真25はTVニュースにもなったのですが、インドネシアのユドヨノ大統領（当時）とお会いしているところです。年に一度首都ジャカルタで行われる「インナークラフト」というインドネシア最大の手工芸展です。私も一緒に隣にいたのですが、カットされてしまいました。（笑）

写真26は現在のジョコウィー大統領とお会いしている写真です。ジャワ島でクリキュラという「黄金の繭」（写真27）が取れるんですが、これが現物です、糸にすると少しくすんだ色になってしまうんですけれど、繭は本当に金色でしょ、今日多めにお持ちしたので、みなさんよかったら1個

写真28　サンフランシスコ西本願寺の西陣織による壁面装飾

出所：とみや織物（株）

ずつもらって帰ってください。ジョグ・ジャカルタ王室の野蚕糸づくりと当社の西陣織とで、手のコラボ「てこらぼ」という事業を一緒にして着物とか帯を制作しています。ジョコウィー大統領にお見せしている織額は、その黄金の繭で織り上げたものです。贈呈させていただきました。

ほかにも海外では、ロサンゼルスとサンフランシスコに西本願寺があるのですが、その大きな壁面装飾を写真28のように西陣織で制作したりしています。

ほかの分野では、映画衣装です。生田斗真主演の「源氏物語・千年の謎」という映画が3年ほど前にあったのですが、その衣装も制作しました。舞台は平安時代ですが、宮本まさ江さんという衣装デザイナーが、伝統を守るだけでなくオリジナルでデザインされて、それに従って織っているんです。映画衣装に取り組んでみて初めてわかったんですけれど、同じようなものを着ていても、脇役はインクジェットで、主役だけ織物だったんです。アップで撮影するときに、衣装もそれに耐えられるクオリティでないといかんということで、主役級の衣装の織物は当社で制作させていただきました。やはり織物であることだけで価値アップできるんだと嬉しく思います。

もう一つ、来週から川端康成原作で松雪泰子さん主演の「古都」という映画が、京都で先行公開されるんですが、お持ちしたこの帯が主役扱いなんです。映画の始まりは、その帯を織っている当社の工房からです。このお話は宣伝にもなるのでありがたいです。

実は今日、撮影の打ち上げパーティーを京都ですることになっていて、松雪泰子さんを囲んで食事会やったんです。けれど私、今、ここにいるんです。長沢先生を選んで偉いでしょう。（笑）

こういった感じで、がんばってあれこれといろいろやっているんですけれども、商売全体はなかなか上向かず、なかなか苦労しているんです。

今後の展開

さて今日の肝心の話の「今後の展開」なんですけれど、今、ほんまにやりようがなくて困っています。市場が大幅に縮小したので、なかなか今までのように売れなくて、圧倒的、ほんとに圧倒的な供給過剰の状態が続いています。それでも職人が将来いなくなるから、織元は現状を維持して、どこも減産しない。西陣は過去に儲かった時代、「ガチャマン時代」があるんで、各社その蓄積を放出しながら、はっきりいって織元同士は消耗戦です。それでなんぼでも悪化していくんです。

今までは商品はちゃんと作ったらそれなりに買ってもらってたのが、今は小売店も問屋も商品をまともに仕入れずに、委託販売が横行しています。なおかつそれぞれの流通段階で売りにくくなってきたので、仕入れの、って実際は委託ですが、その掛け率が上がる。さらに小売店の催事に手伝いに来てくれと要請がある。商品を貸して、手伝いに行って、流通マージンはしっかり持っていかれる。そんなふうになってきているんですね。新規参入がないのは技術の集積だからという側面よりも、利益が出ないからという側面が強いかもしれません。だから西陣で廃業があると、誰も行き詰まってやめたという解釈はしなくて、「金のあるうちに引いた」といわれます。

小売店の商売の仕方も、なかなか売れへんやもんやから、たとえば「アイロン商法」ってわかりますか。「熱く押せ、ぎゅーっ」て、それだけなんです。そんなことをしたら今の時代のお客さんは敬遠せんのかなと思いますが。

ほかにも「モデル商法」というのは「抽選でモデルに当たりました」という案内で、このこ行ったら、無料で着物を着付けられて舞台に上がって、その後は押し売りじゃないんですけれど「舞台よかったでしょう、お似合いですよ、これどうですか」みたいなことになる。それ以外にも「旅行付き」とか「ホスト商法」とか「1円セール」とか。1円セールというのは「着物が1円で手に入ります」というチラシをまいて、お客さんが来たら「この帯を買ってくれたら、着物は1円なんです」みたいな話とか。

問題あるなと思うのは「落差商法」。これは実際にありもしない高額な値札をつけておいて、極端な値引きをして売るやり方ですね。違法ですよ。ほかには「宣伝講習販売」というキレイな名前がついていますが、いわゆる催眠商法。羽毛布団とかでよく話は聞きますけれども、それが着物でも出てきたと聞いています。販売の現場がおかしな方向に向かっていて、詐欺師に商材を供給しているような気になるときもあります。非常に残念な小売の現場で、そんなことを繰り返していたらいずれ廃れていくと思います。

一方で、最近は消費者のほうが賢くなってきているんです。昔はデジタル・ディバイドの外側の人たちが着物の中心的購買層で、いい加減な話が通りやすかったんですけれど、最近はみなさんネットを見はるので、高額品なので当然ですよね、調べてから買おうとしはるので、小売店の店員さんよりも知識が豊富な消費者が増えてきています。それで結局、小売店が怖いからと店舗では買わなくなって、業界では「着物離れ」ではなくて「着物屋離れ」が実態やないかといわれているんです。「着物難民」と呼ばれている消費者たちの「どこで買っていいかがわからない」という悲鳴が増えてきているそうです。

それともう一つの大きな変化は、「持つ喜び」の時代から、物を持たない時代に変わってきているというのが、物が売れなくなっている原因の一つと思います。成人式の着物レンタルはどんどん増えていますし、喪服も葬儀会社がレンタルしていますし、借りる環境が徐々に整ってきています。

京都でもレンタル着物が急拡大していて、レンタル着物屋さんが220軒を超えた（講演当時。現在は300軒以上といわれる）という話もあって、インバウンドが対象のところも多いんですけれど、とにかく着物を着て京都を歩きたいという需要があるので、レンタル着物というのは増えています。

先ほど申し上げた少しきわどい販売でがんばっているところもある一方で、ブルーオーシャンな戦略でがんばっているところもけっこうあります。今、リサイクル着物が流行っていて、それに特化しているところとか、ネット販売会社もどんどん数字を伸ばしていますし、無料や格安の着付け教室を運営して、とにかく着物を着られる人を増やしてから販売会をしている健全なところもあります。

そんな環境で、織元としてはどうしていくのか。流通の簡素化は大きな課題の一つやと思います。この業界は戦前の流通をそのまま引きずっていて、僕ら織元が帯を作ったら、西陣には買継問屋さんというのがあって、そこに売りに行って、その買継問屋の人たちが京都の市内にある、「室町に」という言い方をしますが、前売り問屋さんに売りにいくという昔ながらの商売の形態なんです。

西陣の織元では、それを避けて積極的に流通を見直しているところは増えてきたように思います。流通マージンを取り込んで儲けたいというよりも、自分の作ったものを適正価格で消費者に届けたい気持ちが強いように思います。

写真29　ジャワ島に植樹。ハメンク・ブオノ王室のグスティー・パンバユン第一王女が歓迎

Jogja dan Kyoto Jalin Kerja Sama

Kembangkan Batik-Tenun

JOGJA -- Persahabatan kota kembar (sister city) antara Jogja dan Kyoto Jepang telah menghasilkan kolaborasi budaya yang saling menguntungkan. Salah satu diantaranya untuk mengembangkan usaha tenun dan batik yang lebih bervariatif dan inovatif. Misal, desain tenun asal Nishijin akan berkolaborasi dengan desain batik asal Jogja, demikian sebaliknya.

▶ ke hal 7

Tenun Nishijin Cukup Dikenal

▶ ke hal 7

BATIK DAN TENUN – Ketua Umum Kadin DIY, GKR Mangkubumi dan Nishijin saling memperkenalkan hasil produksi tenun dan tekstil, seperti dari Kyoto mengenalkan selendang kimono dan Jogja dengan kain batik dan lurik, di Ndalem Wironegoro, Sabtu (23/4) lalu.

出所：とみや織物（株）

あとは絹以外の素材の研究です。当社の場合だと先ほどお話しした「黄金繭」。単にその糸を使うだけでなく、一本の帯が売れたらジャワ島に一本ずつ植樹をしています。10年ぐらいかけて、山一つ分ぐらいは植樹できました。交流は徐々に深まり、現地に行くと、写真29のようにハメンク・ブオノ王室のグスティー・パンバユン第一王女が歓迎してくれます。

西陣の織元でカーボン製品を織りはじめたところがあります。レーシング・カーのボディを作るべく大手と提携されました。デニムなど絹以外で着物を制作するところ、通電する繊維、ナイフが刺さらない綴織、広幅の織機で壁紙業界に進出したり、スニーカーやパンプスに西陣織を使ってもらったり。

お商売の仕方では、和装小物を作ってインバウンドに販売しているとか、直営店をもってSPAを始めるとか、各社いろいろな生き残り策でがんばっています。

当社の場合は、子会社で着物の着付け教室の運営を始めました。先ほどの需要創造を織元自らがしていこうという考えです。ほかには、買いやすい価格帯のクリエイターズ着物ブランドを立ち上げたり。

メーカーとして問題やと思うのは、価格決定権がメーカーにない、すなわち一物一価でないことです。もうそれでは社会から信用を得られない時代になってきました。ヨーロッパブランドが本社といわずに本店という、一方、自分の会社に本店はない、この問題は簡単に解決できない根の深い問題です。力のある織元の一軒は、将来はこの業界も他の業界と同じSPAしか残らないからそのつもりで動いているという方もいらっしゃいます。

いろいろと話しましたが、結局、当社の現実的なストーリーは、残念ですが、今の消耗戦が終わるのを待つ、です。今のような状況はもうすぐ終わります。これからは織元の多数の廃業があり、いずれは需給バランスが合い、そこまではとにかく辛抱するしかない。ほんとにあと数年です。それまでは、当社も市場規模に応じて縮小均衡しながら持ちこたえます。

それと並行して、時代に合った新しい織物業の可能性を模索します。本業から飛び石を打たずに関連事業を拡げていきます。そうすると、その新事業が急に大きくなって、本業を超えることは考えにくいですが、地道な努力をします。

市場も変化していくでしょう。今までどおりいい帯を作り続けたいのはやまやまなんですが、その価値を理解してくれる人がどんどん減っているのを実感します。市場に合わせるのが今の社会のルールですし、市場に合ったクオリティでものづくりをするのがビジネスとして正しいのでしょうが、その結果これからのものづくりはどうなっていくのか心配します。

生き残りをかけて、いろいろと考えてはいるんですけれども、悩ましいのが、そもそも帯を作っているのは着物文化を支えるためです。日本文化である「着物姿」を表現する手法としての「西陣織」です。着物以外の用途で、産業を残すことがどういう意味を持つんでしょうかね。着物が売れなくなったから、その帯の生地で他のものを作って生き残ってそれでいいのかな、というのが自分の中ですごく疑問なんです。需要がないんやったら、無理やり需要を作るのではなくて、このままやめていったほうが潔いのか。社員がいるのでそんな判断は安易にできませんが、気持ちはかなり迷いながら、今の事業をどうしたらいいのかなと悩んでいるところです。

たとえば筆屋さんが化粧筆で成功しているといっても、もともとは字を書く文化を支えるために筆があったはずで、それが化粧品になってビジネスとして成功して、うらやましい反面、すごく考えさせられます。ほかにも、風呂桶のメーカーがワインクーラーを作ったり、和傘屋さんが照明器具を作ったり、そういう生き残り方はそれはそれですばらしいと思いながら、どうもしっくりこないんです。

伝産法では、日用品が伝統工芸やと定義しながら、実際には日常ではほとんど使われていない。日常でないから伝統工芸に指定されているのが実態やないかと。他産地もそうでしょうけれど、多くの伝統工芸は生き残りをかけて必死であがいて何か技術の転用を考えていて、けれどもし日常の中に需要が見つかったら見つかったでそれが伝統工芸といえるものになるのか。この先、西陣織に限らず伝統工芸全体がどうなっていくんやろかと結論の出ない自問自答をしています。

本日はご清聴ありがとうございました。（拍手）

質疑応答

【長沢】 ありがとうございました。ちなみにレポートは、いつもは「感銘を受けたこと」を課題にしているけれども、今日は冨家社長が提起した問題について考えてもらうというレポートにしましょう。

【加藤（質問者）】 長沢ゼミの加藤と申します。今日は貴重なお話、ありがとうございました。全体的に売上が、市場も含めて落ちているということだったんですけれども、先ほどのように、たとえば芸能人の方がテレビで着るとかということをした場合に、実際問い合わせとか、オーダーというのは増えるかどうかという点と、もし増えるのであれば、それはあえてテレビに出るように販促しているとか、促進しているとか、要はプロモーションしているかどうかというところを伺いたいです。いかがでしょうか。

【冨家】 売上はあまり増えないです。版権などを配慮しながらPR用の資料を用意しておいて、販売のときにお客様にお見せする。「こういう人も着ているんですよ」とお伝えすると、購入いただける可能性は少しは高くなります。けれど、着物は自分に似合うかどうかがいちばん大事なので、誰かが着ていたということでそんなに売れるということはありませんね。2つ目の質問ですが、当社のような中小企業は、メディアへ働きかけができるほど収益はありませんので、今までそういうことは考えたことがありません。

【加藤】 たとえば、映画の最後のクレジットに御社の名前が載るとか、そういうこともあるんですか。

【冨家】 それはあります。でも、それでどうこうなるということはほぼないです。エンドロールに会社の名前が出ても、それが映画の中の何だったかというのはわかりませんから。

【加藤】 もう一点伺ってもいいですか。写真を織物にするという技術を先ほど見せていただいて、すごく感激したんですけれども、あれはあえてあの技術を開発したのか、それとも何か別のものを開発している中で、あ、これ使えるんじゃないかといって、そちらで使うようになったのか、それはいかがでしょうか。

【冨家】 織物業をしている人は、いろいろとデザインされたものを織っていますが、誰しも写真や絵画がどこまで織物で再現できるやろうかと思ったはずなんです。うちもその中の一社で、この技術はたまたまできたのではなく、ずっと考え続けた結果です。

【加藤】 ありがとうございます。

【長沢】 今のでもう一つ。他社ができずに御社だけできたというところですが、それは機械ですか、職人ですか、それとも織り方、方法。何で他社が同じような設備で同じような人がいてもできなくて、御社だけできたのは。

【冨家】 西陣は、メーカーのことを親機《おやばた》といいますが、その親機の大半が設備を持たないところが多いんです。生産設備を持たず、出機という織機を持っている個人に外注する。糸を買って、染出しして、図案を考えて、紋紙を作って、までは親機は自力でやりますが、最後の「織る」という工程を100％外部委託している織元が結構あるんです。

【長沢】 それはもうメーカーというより、プロデューサーみたいな。

【冨家】 そうです。なので経済産業省から見れば、西陣の織元は生産設備がないからメーカーじゃないと解釈しているという話を聞いたことがあります。当社は、図案家も紋紙職人も、もちろん製織する職人も設備も社内です。そうすると一貫工程の中で解決できるので、たとえば紋紙で起こった問題を機場の技術で解決するということができます。一方、多くの工程が外注やと、それぞれの工程で起こった問題はその工程で解決することになるので、問題解決の選択肢が狭いはずなんです。その差やと思います。

【長沢】　今、西陣織の話だけれど、日本の製造業は外注ばかり、アウトソーシングばかりで、本質が残らないメーカーへのアンチテーゼのように聞きました。感服いたしました。

【川村（質問者）】　長沢ゼミの川村と申します。本日は貴重なお話をありがとうございます。繭、蚕さんのお話で感動しました。うちのじいちゃんばあちゃんの実家がそれこそ蚕を作っていて、僕がまだ小さいころぐらいまでは、それこそ、だあっとお蚕さんを並べて、じゅうっとやっていて、まさに。結局もう畳んでしまって、うちの叔父さんたちもやらなくなってしまったんですけれども、すごく日本の誇らしい技術というのがなかなか育っていかないというのが寂しいなと思いました。実際、実家で見て、社長のお話を聞いて、すごく感じたところがありました。

お伺いしたいなと思ったのは、西陣のブランディングについてです。僕自身も、西陣といえばすばらしい着物の話というのをイメージするのですけれども、それは先ほど社長のお話だと、特に戦後の組合のいろいろな力ががんばってという、そういうお話を伺いました。特に意識してやってきた戦略的なものって何か特徴的なところがもしあれば、お伺いしたく思います。

【冨家】　「帯は西陣」というキャッチコピーを私たちの先輩が考えて、その一点集中で啓

写真30　冨家社長と編者（とみや織物本社美術館にて）

出所：早大ラグジュアリーブランディング研究所

蒙活動をやってきたというのが一番大きいと思います。おかげで西陣の帯は日本一というイメージが着物を着ない人にも浸透しています。でもそこから先のブランディングはどうかというと、特に何もできていなくて、たとえば西陣織がテレビドラマや映画の舞台になるような働き掛けをしているかというと、そこまではできていません。

それに市場が急激にシュリンクしているので組合員の事業が厳しくなっていて、ブランディングに投資するほどの余力がなくなってきています。みなさん、目の前の生き残りに必死で、なかなか新しいことに手を出すことができなくなるというのが実態です。

問題なのは、西陣の若手の多くが、西陣の先輩が啓蒙活動をしたおかげで今の西陣ブランドであることを知りません。西陣織は最初から有名で、それはゆるぎないものだと錯覚している。非常に危険な感じがします。

それと、先日あるファッション誌の編集長の講演会を聞いていたら、結構辛辣なことをいうてはりました。京都はコンテンツがすごくたくさんあるけれど、ブランディング活動がしっかりできてない。コンテンツが多いから怠けとんのちゃうか、と。まさしくその指摘のとおりやと思うんです。京都は京都でいることにあぐらをかいている部分があるような気がします。全国の他の産地は組合あげて力をあわせて、いろいろやってはりますし。

【川村】 特にキーワードを絞って伝えていくというのがすごくすばらしいです。ありがとうございます。

【冨家】 それと、西陣では、ものづくりをしているメーカーが、ブランディングで売っていくのはけしからんと思っている人が結構多いんです。もので勝負したらええやないか、お客さんは黙っててもわかってくれはるわ、というふうに思って作ってはる人が多いんです。高度成長のときはそれでよかったかもしれません。ところが、今これだけ着物離れが進むと、一般の人が、帯を並べてよいものから順番に並べるなんて無理でしょう。そんな時代やのに、そういうことを言うている人たちが、組合の役員の中心層なので、なかなか西陣あげてのブランディングの話にはならないんです。

さっき生産者は70代が中心層といいましたけれど、織元の社長もその世代なんです。70代後半が中心層で、私は50歳で子供扱いです。２年前に若手で集まって政権交代すべく闘ったんですけれど、逆に粛正されて（笑）、今は「反乱軍」といわれています。

【川村】 ありがとうございます。

【長沢】 私は京都に8年住んでいたので、ちょっというと、西陣って有名な地名だけれど、京都に西陣という住所はありません。住居表示に西陣というのはないのです。私が住んでいたときに、『京都新聞』が「西陣ってどこ?」という特集を組んだら、みんな勝手なことをいうのね。応仁の乱の西陣、山名宗全の西陣跡、そこは含まれるのは確かなのだけれど、ひどいのは烏丸通りから西大路までとか、えらい広い範囲を指したり、随分狭いところを指したりというので、京都人でも西陣はどこかと訊くと、実はよくわからない。不思議なところなんですね。その分、ブランディングができているといえばできている。ちなみにゼミの京都ツアーで、西陣跡まで行く予定です。

【中祖（質問者）】 中祖と申します。本日はありがとうございました。今のお話に通じるんですけれども、世代間で意見の対立があるということだったんですが、ご自身の50代の方々が力を持ったときに、ぜひやりたい、まずはやりたいなと思っていることがあれば教えてください。

【冨家】生産基盤の維持です。このままやとだんだん作れなくなるので、どうやって生産基盤を維持するか。残さなあかんといいながら、その手段がまだ見つかっていないので、そういう研究会から始めないと、と思っています。どうやって高齢者ががんばる中で、新しい若手の人材を育てていくのか。設備は何とかなると思いますが、人材が課題としてすごく大きいのに、今のところ策がないんです。

【中祖】それは何か行政からの支援とか、そういう…。

【冨家】組合とは別に、僕らの世代で集まって、行政とも討議を繰り返しているんです。そうやって次世代への布石は小さいながらも打っているつもりですけれど、高齢者ががんばる業界なので、若手の私たちにとっては、会社も西陣全体も、高齢者との軋轢や歪みとの闘いみたいな人生になりそうな気がします。

【長沢】では、冨家社長をご紹介いただいた亀田さん。

【亀田】亀田将史といいます。京都の西陣出身で、じいちゃんも綜絖《そうこう》といって、さっきの糸が並んでいる、をやる仕事をずっとしていたんですけれども、西陣織の伝統を守ることが一番大切だとみんなが思ってきていて、結局、一般の人たちがどういうふうに思っているかというのがあまり、作り手さんと消費者のところの間にいっぱい問屋さんとか、流通過程がいろんな人が絡んじゃって、風通しがすごく悪い業界だなというふうに思っていたんですね。今、僕自身が海外の方を案内したりすることがすごく多いので、この前、友禅の染め物のところとかに行くと、逆にこのものからドレスを作れないのかとか。

というのは、西陣織なのに、織物というのはもともとは生地があって、そこから何でも作ってもいいというような、自分的には考えなんですけれども、西陣織だから必ず和服にしないといけないという、一直線が出来上がってしまっていて、それが硬直しているんじゃないかな、業界は絶対そっち側にやらないといけないというふうになってしまっていると思うんですよね。

ヨーロッパとかに行くと、スーツとタキシード。タキシードはあまり着ないとは思うんですけれど、そういう感じがちょっと今日の感想じゃないんですけれども、自分が西陣の中の人間としては、ちょっと考え方が柔軟になれば、いろいろできることがあるんだなと、海外の方から逆にいろいろ最近教えてもらっているんですけれど。

【長沢】　ちなみに、亀田さんは今日の恩人なんですね。研究会で知り合って、私が京都の研究をしているといったら、ぜひ会わせたい社長がいるというので、ご紹介いただきました。とみや織物本社の美術館を見て、これはすごい会社だと思って今日に至ったので、亀田さんと縁がなかったら、冨家社長をお迎えすることができなかった。だから大恩人です。（拍手）

【亀田】　そういう想いがずっとあるんですよ。

【冨家】　海外への輸出とか他の分野への転用は、いつも考えるんですけれど、帯地はテキスタイルとしてはすごく扱いにくいんです。見てもらったらわかるとおり、帯の端から中をのぞくと、糸がすごく渡っていて。装飾性に極度に特化してしまったので、これをどう使うねんというと、みなさんけっこう困りはるんですね。たとえば京都駅にホテル・グランヴィアができたとき、西陣織の制服を発表しはったんですよ。袖口と胸ポケットに少しですが使われたんです。それでも西陣織を使ってくれてありがたいんですよ。最近ニュースになったのはそれぐらいでしょうか。関西では有名なんですが、吉本新喜劇の池乃めだかのスーツとかわかりますか。ヤクザ役のときに着てはるやつ。あれは西陣織なんですよ。あの用途は他にそんなにないでしょう。用途さえあれば、いろいろ取り組みたいとは思っているんですが。

ほかには、つい最近、ドバイの政府関係者の人が会社に来はったんです。その人にざっと帯を見てもらって、結局何を言わはったかというと、金箔の無地のところを指して「この織物はここがすばらしいな」って。「われわれは柄はわからん。金の無地の織物がすばらしい」と。日本の伝統工芸の文様とかは全く興味を示されませんでした。

【亀田】 おもしろいじゃないですか。それでも売れるんじゃないですか。

【長沢】 確かにドバイとか香港に行くと、きんきらきん、金色ばかりという感じですよね。

【鍋島（質問者）】 鍋島と申します。本日はありがとうございました。あと10年で職人さんがいなくなるという話で、ちなみに一人前の職人になるのに、どれぐらいかかるんですか。

【冨家】 力織機の場合、3年から5年ぐらいはかかると思います。手織りの場合はもっとかかるでしょうね。実は実際のところよくわからないんです。私がこの業界に入ったときに織ってはった人が、今だに現役で織ってはるというようなことで、新しい人を見ていないんですね。市場の縮小のほうが早いので、いつまで経っても人的な需要が起こらない残念な状況なんです。

【鍋島】　ありがとうございます。もっと20年とか何十年もかかるものだと思っていたので、20年かかるとしたら、人がいなくなる前に次の職人を育てないのかなという、そのサイクルがあると思ったので。ありがとうございました。

【長沢】　引き継いで私の質問。最近の若い人は意外に手に職をとか、職人志向があるのではないでしょうか。名前を出して恐縮だけれど、一澤帆布、信三郎帆布では若い人が、それこそ芸大でクラリネットを吹いていた人のように、手に技をというので志望者が多いと聞きました。結構こだわっているやに聞くので、職人志向の若い人というのは最近増えているのかなと思うんですが、それは西陣には無縁のことなんでしょうか。

【冨家】　西陣で働きたいという学生が、織元に飛び込み営業をされているのは同業者からときどき聞きます。しかし残念ながら需要がないんです。西陣の労働市場はまだまだ圧倒的な供給過剰です。それで「はい、どうぞ」と雇用して給料が払えるかといえば、一人前になるまでの企業側のコスト負担は大きいし、労働契約でない業務委託契約の年金生活者ががんばっていて、そことの競争なので、今の時点では企業としてはなかなか経済合理性が成り立たないんですね。

もう一つの傾向は、自分が作家志望で、手織りの芸術家になりたいと思っている人が多いように感じます。アーティストになることを希望されている若手に対し、企業側が求めるのが効率重視の職人なので、需要のミスマッチがあると思います。それにアーティストになりたいと思ってきて働く人に、親方が時間をかけてずっと指導し、織らせて、練習させて、上がってくる成果物が難だらけで全く損ばかりしているのに、一人前になってきたなと思ったら、独立しますと言って辞めていってしまう。なので、手機の人たちも技術の継承は苦戦をしたはると思います。

知り合いの大工の棟梁と話していると、徒弟制度、丁稚制度というんでしょうか、昔は三食の飯だけ食わせてもらえて、親方に小突かれて、どなられて、ようやく仕事が一人前になって、最後は親方が金一封を持たせて独立させてくれるということだったそうですが、今は社会のルールでそんなことは認められないですよね。違法だし「労働の搾取」とかネットに書かれてしまう。昔はそれで職人の供給源を確保していたのが、今はその仕組みがなくなってきて、付加価値をほとんど生み出さない新人でも、法律に則った条件で、雇用して給料は払いなさいというので、今の中小企業の体力では、時間のかかる職人の育成はなかなか難しいと思います。私の近いところでは、友禅染、表具屋さんなどで同じ話を聞きます。

【長沢】 美大でもテキスタイル学科なんていうのがあるから、その中のもちろん全員でなくても、西陣織に目を向けて興味を持つ、そういう学生さんが結構いるんじゃないかと思うんですが。

【冨家】 いはります。受け止める側が受け止められないということで、そういう人たちがなかなか就職できないですが。

【長沢】 それはまた問題ですね。何となくビジネススクールで勉強していることが虚しくなるような、何とかしないといかんですね。

【冨家】 市場の縮小はやむを得ないですが、年金という社会を守る制度が業界を破壊するという興味深いけれど笑えない現象ですよね。

【亀田】 コーチになればいいんですね。

【冨家】 はい。それはありだと思います。ボランティアでそうしている人もいます。

【長沢】 すべてが逆風、という感じですね。

【王（質問者）】 長沢ゼミの王亜斐です。会社のビジョンとかを聞きたいです。会社の将来のビジョンとか。

【冨家】 3年前に事業を承継したんですが、今年はまだ会社の出血が止められていないんです。将来のビジョンの前に、まずはそれを止めるというのが今の目標ですね（笑）。一ついえるのは今も将来も織物業に一点集中です。今、織物業を中心にいろいろな周辺事業をやっているんですけれども、やっぱり出発点は帯屋さんなので、帯の製造業でしっかり食っていけるようにしたいです。若い人たちが喜んで働けるような環境をつくって、今の形を残せればいいなと思っています。このままでは産業全体が消えてしまうんですよ。その対策案は見つかっていなくて、どうしたらよいのか。ビジネスを学んでいるこの教室のみなさんに、こうしたらええんちゃうの、というアドバイスをいただけたらうれしいです。

【王】　海外進出とか考えていますか。

【冨家】　来年4月にインドネシアのジャカルタで東京ギフトショーみたいな「インナークラフト展」という展示会があって、西陣の若手メンバー7社で出展しようと思っています。インドネシアはバティックが世界的に有名ですが、ロウケツ染めの技術なんですね。そのバティックのデザインが豊富なので、そのデザインを豪華絢爛に織って現地に紹介してみようと。今、あの国も2億5000万人の1割が富裕層です。そこを狙って動いているところなんです。

【王】　ありがとうございます。

【沈（質問者）】　沈と申します。帯屋って、帯って着物がなくなったら、使えないものだと私は思っているんですけれども、ほかに何かいろいろ作る、熊野筆が化粧品に展開したものみたいに、ほかの事業展開って考えていらっしゃいますか。

【冨家】　思いつかないんです。考えているんですけれど。

【沈】　さっき小物の話も出たと思うんですけれども、織物で作られる小物とかに展開とか。

【冨家】　小物を作っている織元もあるんですけれど、なかなか厳しいのは、小幅織機という制約なんですね。世界は150センチとか2メートルとかの幅の織機が普通で、大量に高速で織って、安く作るのが一般的で、複雑な織物を高価格で織っても価格競争に勝てず、小物用だとあまり需要がないんです。それでもあきらめずに綴屋さんなどが名刺入れなどを作っています。

この前も、名前は出せませんが世界的に有名なアメリカの俳優が、日本の印伝を使った3000万円のバッグをクリックひとつで買ったという話を聞きました。世界にはそういうハイエンド市場はあるはずで、われわれ西陣織の需要は潜在的にないわけではなく、それを掘り当てていないだけ、ビジネスのやり方が間違っているだけ、という気持ちはあるんです。

【亀田】 おもしろいですね。

【熊（質問者）】 お話、ありがとうございました。熊と申します。さっき西陣を見て、技術はすばらしいなと思って、今、京都では制作過程が見える場所は、工場みたいなところはありませんでしょうか。

【冨家】 見学コースとして開放しているのは、川島織物が予約すれば見ることは可能です。それと西陣織会館でデモンストレーション的に作業を実演しています。その2カ所ぐらいです。

【熊】 ありがとうございました。

【長沢】 私が京都に住み始めた20年前は、千本通りをちょっと横に入ると、ガシャン、ガシャン、ガシャンと織っていて、窓の出格子《でごうし》の隙間から見えたものですが、最近ほとんど聞こえなくなりましたね。

【冨家】 ほんとにそうですね。いよいよ、機音《はたおと》がうるさいって住民からクレームが起こらへんかと心配するぐらいで。

【長沢】　西陣織のネクタイがさびれた理由あたりを、ちょっとかいつまんでご紹介いただけますでしょうか。
【冨家】　西陣織のネクタイがうまくいっていない理由は、まず国内需要しかないんです。生糸が保護されていますから、輸出するほどの競争力がない。西陣織のネクタイの競争力は「クイック・レスポンス」やと思います。日本のブランドなどからの「小ロットで短納期で作ってよ」というのに対応できているから生き残れている。本来は大量生産の業界ですから。中国は、もともとネクタイ加工の人件費も安く、さらに設備投資をして、どんどん競争力を高めているんです。見に行きましたが、逆に最近は、西陣よりも中国の設備が圧倒的に上なんですよ。しかも最近はインターネットを使ってクイック・レスポンスに対応しだしたと聞きます。さらに脅威は増しているんです。
【長沢】　西陣織会館の売店で、以前は結構ネクタイを置いてあったと思うのですが、この間行ったら、大幅縮小されていましたね。
【冨家】　それはいつごろですか。
【長沢】　最近、2カ月前かな。
【冨家】　実は私もその案件に関わっているんです。西陣織会館にもっとお客さんを入れて売上を増やそうということで、戦略を練り直しているんです。なんぼ西陣織の啓蒙のためといっても、売場の入口にそんなに売れないものを置いておくのはどうかということで、売場の構成をがらっと変えました。申し訳ないですが、ネクタイは少し奥に置いてもらったんです。理由はインバウンド需要です。主たるお客さんが中国人になってきて、買い物の売れ筋が変化しているんです。

【長沢】 そういうことですか。

【冨家】 大手のコーヒー屋さんやリサイクル着物屋さんを誘致するとか、インバウンド向けに着物の写真スタジオを作るとか、今そんな話をしている最中です。

【矢島（質問者）】 矢島と申します。ありがとうございました。すごく多品種で、そして小ロット、ほとんどオートクチュールに近い産業なのではないかなと思うんですが、いろんな国にいろんなブランドがある中で、ライバルとかあるとしたらどこかなというのは、思い浮かぶものがあれば。

【冨家】 世界相手にですか。

【矢島】 何でも、服飾でなくても構わないと思うんですが、この会社はすばらしいなとご自身が共感できる会社があるかどうかとか。京都の中でも構わないですが。

【冨家】　繊維関係でブランディングが特に成功している事例は、中川政七商店さんが「奈良麻」をブランディングされて事業展開をされていますし、ソウソウの若林さんも「伊勢木綿」でブランディングされていますし、そんなふうに「西陣織」もなれたらといつも思います。西陣内ではまだアウトローで入会審査中ですが、細尾という問屋さんが壁紙を織りだしてうまくいっていると聞いています。海外はちょっとわからないです。すみません。

【矢島】　ありがとうございます。

【長沢】　では、最後に私から質問です。ご講演いただいた社長さんにみんな伺っているんですが、冨家社長が考える「とみや織物らしさ」とは何でしょうか。

【冨家】　「らしさ」ですか。伝統にしがみついていないで、常に新しいものに取り組む姿勢ですかね。それを失ったらものづくりをする人間としては失格やと思っていて、それだけは業界で先頭を走っているという心意気を持って仕事をしています。ただね、いいものができるかどうかは別ですけれど。現実は、累々と屍が積み上げられた中に、一個でもよいものが見つかればという感じですね。

【長沢】　たいていのほかの老舗の旦那は、あきらめムードというか、あまりチャレンジしないのでは。

【冨家】 実際そうだと思います。

【長沢】 という中で、社長は浮くんじゃありませんか。

【冨家】 浮いているのが何人かいるので、それが集まって反乱軍を立ち上げて、全員粛清されて、今、という展開です。(笑)

【長沢】 わかりました。今日はとみや織物株式会社　代表取締役　冨家靖久様をお迎えしました。盛大な拍手をお願いします。(拍手)

〔注〕長沢伸也・石川雅一『京友禅「千總」―450年のブランド・イノベーション』同友館、2010年

4

株式会社 白鳳堂
――ブランドとは、「筆は道具なり」を実践すること

ゲスト講師：株式会社 白鳳堂　取締役統括部長　髙本　光氏
開催形態：早稲田大学ビジネススクール「感性マーケティング論」〈第3回〉
日　時：2016年10月5日
会　場：早稲田大学早稲田キャンパス11号館901号室
対　象：WBS受講生
音声起こし：松本章宏（WBS生）

●会社概要●

株式会社白鳳堂

代表取締役社長：髙本和男

設　　立：1974年（昭和49年）

資 本 金：1,000万円

売 上 高：24億円（2019年７月期）

従 業 員：300名（2019年７月末現在）

本社所在地：

〒731-4215　広島県安芸郡熊野町城之堀７丁目10番９号

TEL 082(854)1425　FAX 082(854)3600

髙本《たかもと》　光《こう》　略歴

（株式会社白鳳堂 取締役統括部長）

1969年生まれ。日本大学法学部政治経済学科卒業。

1993年4月、株式会社広島銀行入行。

2003年4月、株式会社白鳳堂入社、現在に至る。

【長沢（司会）】「感性マーケティング論」第3回目のゲスト講師として、株式会社白鳳堂 取締役統括部長　高本光様をお迎えしています。

白鳳堂は、私が2009年に出版した『地場・伝統産業のプレミアムブランド戦略―経験価値を生む技術経営』（同友館）で取材に伺って以来のご縁です。ファミリービジネスは跡継ぎがいないとか、承継問題があるとか経済紙で騒がれています。しかし、白鳳堂はお父様が社長、お兄様が専務、そして弟さんの高本光様が取締役統括部長という、理想的なファミリービジネスです。そして、その化粧筆は世界的に有名です。それでは、高本取締役にご登壇いただきます。拍手でお迎えください。（拍手）

【高本】　みなさんこんばんは。白鳳堂の高本と申します。今日は、先生にお声がけいただきましてこのような機会をいただきました。ありがとうございます。地場の筆づくりである伝統工芸産業から成り立った会社ですので、皆さまに直接お役に立つかどうか心配なところもありますが、ぜひ参考にしていただければと思います。よろしくお願いいたします。

会社概要

それでは早速始めます。まず会社の紹介ですけれども、白鳳堂は広島県の熊野という町にありまして、江戸の末期から筆づくりが始まった伝統のある筆の町です。実は動物の毛がとれるとか、筆の軸になる素材が近くでとれるとかではなくて、外部から技術を導入して始まった地場産業です。

本社工場も広島県熊野町にあります。話は少しそれますが、今までは動物の毛を使って筆を作るというのが主力でしたが、世界的なファーフリー（毛皮排除）運動の拡大の中で合成繊維を使って筆を作り輸出するという必要性が出てきています。需要の急激な伸びも期待されており、本社工場だけではまかなえない見通しになってきたことから、生産能力増強のため、広島県の三次市に第二工場を去年から稼働させております。

自社ブランド販売については、直営店舗として京都本店と東京の南青山店があります。それから主要百貨店に11店舗（講演当時。現在は10店舗）あります。海外にはロサンゼルスとシンガポールに拠点をおいております。

写真1　白鳳堂社屋

出所：(株) 白鳳堂

設立が1974年で40年あまり前です。伝統産業の中では比較的新しい会社なんですね。ですが、弊社の社長が本家の画筆製造会社から独立して白鳳堂を設立しておりますので、その本家の創業まで辿るとだいたい130年くらいの歴史があります。従業員が340名（講演当時。現在は300名）おります。売上高は直近で25億8000万（講演当時。現在は24億円）です。売上に対して社員の数がかなり多いんですね。これは筆の生産のほとんどが手作りですので、たくさんの人を雇って生産するという仕組みだからです。それと自社ブランドもすべて自社の社員が直接お客様とお話をして販売をするという仕組みをとっておりますので、社員が多い会社です。

売上高の95％くらいは化粧筆です。化粧筆の白鳳堂としてご存知の女性が多いと思いますが、実のところ本業は、面相筆といって陶器とか漆器の絵付けをしたり、お人形の顔を書いたりするような日本の伝統産業の職人さんが使うような筆づくりです。その技術を化粧筆に展開した結果、市場の大きな化粧業界に属する化粧筆が売上の大半になっています。技術のもとが面相筆になるんですね。この技術を活かしていろんな筆に展開しており、工業用の筆も作ったりしています。たとえば自動車の製造過程で難しいところに接着剤を塗る時に使う筆を作っていますが、国内のほぼすべての自動車会社に供給しております。

登録商標は9件あります。弊社は製造技術やノウハウに優位性があり特許を3件（講演当時。現在はいずれも特許切れ）持っていますが、もう10年以上新しい特許を申請していません。特許を申請すると情報が公開されますが、中小企業のしかもローテク産業はすぐにまねをされてしまい技術が流出してしまいますが、事実上対抗措置が取れません。ですから特許をとれる技術はたくさん持っていますが、今ではブラックボックス化して社外に出ない仕組みにして知的財産を守るという考えに転換しました。

受賞歴は、資料1のとおりです。賞をいただき始めたのは自社ブランドが世に出て、白

資料1　受賞歴一覧

1993年	モンゴル国より筆づくり技術供与の功により友好勲章受章
2003年	日本文化デザイン大賞　受賞
2004年	グッドデザイン賞　受賞
2005年	ものづくり日本大賞　内閣総理大臣賞　受賞
2006年	経済産業省「明日の日本を支える 元気なモノ作り中小企業300社」
	経済産業省　平成18年度「ＩＴ経営百選　最優秀企業」認定
2007年	平成18年度デザイン・エクセレント・カンパニー賞　受賞
	平成19年秋の褒章にて、髙本和男が黄綬褒章受章
2010年	ESTEE LAUDER 社より、Supplier Excellent Award Winner 2009を受賞
2016年	経済産業省「永年貢献創業者」感謝状受賞（髙本和男）

出所：（株）白鳳堂

鳳堂という名前が世間に知られるようになってからです。それまではほぼすべてをＯＥＭでいろんな化粧品会社などに納品していたんですが、これではなかなか世間に知っていただく機会がない。２０００年くらいから自社ブランドが売れ始めて、並行して直接海外にＯＥＭ輸出することが経済誌での取材を契機に知られるようになり、特に経済産業省に関係する賞をいただいております。

資料2は、売上の推移です。直近は少し売上高が下がっています。先ほども申しましたが、ファーフリー運動の影響により動物の毛を使った化粧筆から合成繊維を使った化粧筆へのシフトがものすごいスピード

資料２　売上高推移

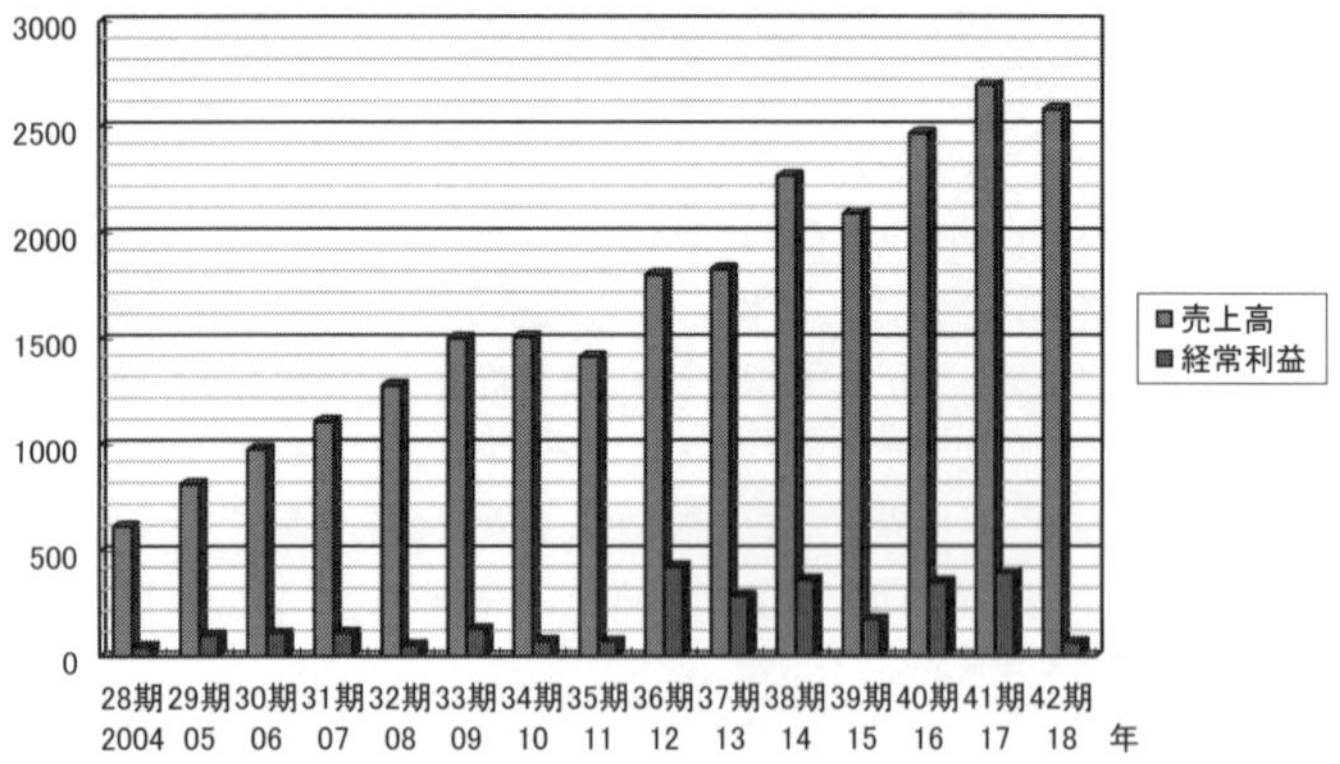

出所：（株）白鳳堂

で進んでいる。われわれの取引先の海外大手ブランドも大きく影響されているので、新しい商品へのシフトを行うなかで在庫調整が起こっています。大手企業からのＯＥＭ注文が減少した結果、売上高が下がってしまいました。

市場が合成繊維の化粧筆を受け入れるには少し時間がかかりますが、今後は大きく伸びると期待しております。三次に第二工場をつくったというのはその布石です。合成繊維の化粧筆は品質が悪いとか機能性が下がるとか、どこが作っても一緒だと思われがちですが、全くそんなことはなくて、白鳳堂でないと作れない品質というのがあるんですね。今から市場に投入されますが、おそらく数年後には白鳳堂の合成繊維の化粧筆は他社と比べても全然違うという評価になっていると思います。

このようなことは過去にもいくつか事例があります。現在、パウダー系の化粧筆の主流はヤギ毛ですが、弊社が積極的にヤギ毛を提案する以前は馬毛が主流でした。馬毛は安定供給されており毛筋がよいが、クセが強いため長い毛を使うパウダー筆は形を整えにくい。そこで弊社の社長は安価でしかも形の再現性があり、化粧の粉をコントロールすることに適しているヤギ毛を提案して世の中に広めたんですね。その結果、多くのパウダー系の化粧筆がヤギの毛に変わりました。また、その当時はヤギ毛を黒ないし茶色に染めて提案したので、皆さんの化粧筆のイメージは黒、もしくは茶色の毛だと思います。これはヤギ独特の臭いを消すことと、化粧品の色を目立たなくするために染料で染めているからです。

しかし、5年くらい前からリキッドファンデーションを化粧筆で塗ることが流行ってきました。これ自体は昔からあった技法ですが、化粧筆を使うとパフよりもきれいに塗れるのです。黒く染めている化粧筆でリキッドを使うと染料落ちします。この問題が大きくなると予測して、われわれは5年くらい前から染めていない白い毛の化粧筆を提案していきました。

白い毛は化粧品の色が残るから最初はすごく抵抗がありました。黒い毛だったら残った色が目立たないので清潔なように見えますが、白い毛だと色が残り不潔ではないかと思われるんですね。そのため、洗浄用の石鹸を用意し、きれいに保つ取組みも行いながら啓蒙した結果、今では多くの化粧筆は白い毛になっています。われわれの提案が広まったというわけですね。常識を変えることは大きな抵抗がありますが、今の時代に合う、もしくは新しいことを提案することによって、お客様の満足をより高めるということをやっていく必要がある。

今から変わるのが動物の毛から合成繊維です。これがまたとても抵抗があります。特に日本人は、合成繊維は肌にも品質も悪いという認識が非常に強い。確かに今まではそうでしたが、われわれは合成繊維の開発を繊維会社と共同で取り組んでおります。まだ獣毛と同じもしくはそれ以上の素材ではないんですけれども、かなり改善されております。その合成繊維と、われわれの製造技術を駆使して獣毛とほとんど変わらないくらいの化粧筆ができております。10年後は化粧筆といえば合成繊維が主流になるかもしれません。

たとえば、昔は歯ブラシの毛は主に豚毛が使われていました。50代以上の人は覚えていると思います。動物の毛ですから適度に摩耗して歯茎に優しく汚れも落とす。歯ブラシとして高品質です。でも、今の方は豚毛で歯磨きなんて不潔じゃない?との認識だと思います。品質や機能性のことを考えるとおそらく豚の毛のほうがいいんですね。しかしながら今では歯ブラシはほぼすべて合成繊維になっており、誰もそれを疑問に思わないんですよね。歯ブラシ用の合成繊維と製造技術が向上したからだと思います。

おそらくこの変化は化粧筆にも起こります。ただ、われわれは総合筆メーカーですから、獣毛の化粧筆は作り続けていきます。プロのメイクアップアーティストや仕事で化粧される方は必ず獣毛の化粧筆が必要なんですね。仕事ではいろんなイメージのものを作品として作っていかなければいけないので、そのニュアンスが伝わるのはやはり獣毛のほうが優れているからです。獣毛の化粧筆はなくならないですけれども、数は減るかもしれません。一般の方は10年後くらいにはおそらく大半の方が普通に合成繊維を使っているような市場になると思います。今ちょうど端境期。前期の売上高が落ちているのはそんな理由です。

筆ができるまで

せっかくですからここで筆ができる順番を申し上げます。

まず、原毛。動物の毛は主に中国とヨーロッパから輸入されます。日本ではもう動物の毛をとる業者はおりませんので、１００％輸入です。

精毛。悪い毛を取り除く作業です。カミソリの刃をあてて作業しますが、毛先を切っているのではありません。動物の毛には表面にキューティクルがありまして、傷んだ毛や逆さになった毛などはカミソリの刃をあてると引っかかるんですね。その引っかかりを利用して悪い毛だけを取り除いていくという技術です。これは昔から筆の生産に使われていた技術です。

混毛。筆にはいろんな機能が必要ですが、単一の毛だけを使って筆を作るとその毛の特徴が強く作用してバランスが悪くなります。同じ部分で曲がってしまったりコシのない筆になったりするということです。それを改善するために何種類かの毛を混ぜる作業をします。

資料3　筆ができるまで

筆ができるまで

※1　「さらえ取り」……半差し(小刀)で逆毛・すれ毛等を、指先の感触で抜き取る技術
※2　「練り混ぜ」……毛をうすく伸ばし、何度も折り返して混ぜ合わせる
※3　「糸かけ」……麻糸を穂首に巻きつけて、軸を回転しながら糊を絞り取る

原毛

中国・ヨーロッパから、厳選した各種の原毛を輸入

① 製毛　毛筆作りの「さらえ取り※1」を応用

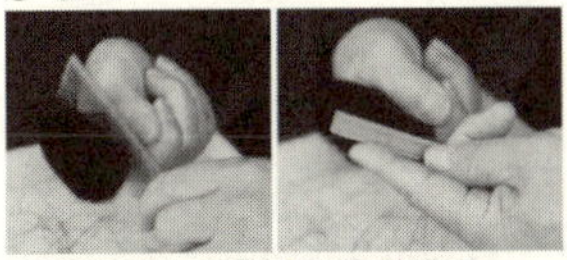

原毛を規格通りの品質になるまで選別する。
櫛をかけ、かみそりをあて、先のない毛、曲がった毛、すれた毛など、品質の劣る毛を取り除く

② 混毛

商品の質を安定させるため、用途にあった状態にするために、毛を均一に混ぜる
毛筆作りの「練り混ぜ※2」を応用

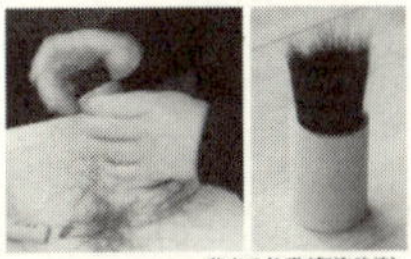

③ 製穂

穂先を作る。　独自の技術(製造特許)
こまに毛先をそろえて入れ、写真の要領でつくる

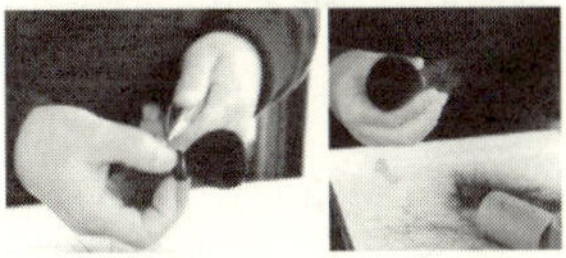

④ 毛植え　画筆作りの技術を応用

筆の規格をだし、金口と穂を接着する

⑤ 軸付け　毛筆・画筆作りの技術を応用

ハンドルをつける。
筆のタイプによってはかしめを入れる

⑥ 仕上げ　毛筆作りの「糸かけ※3」を応用

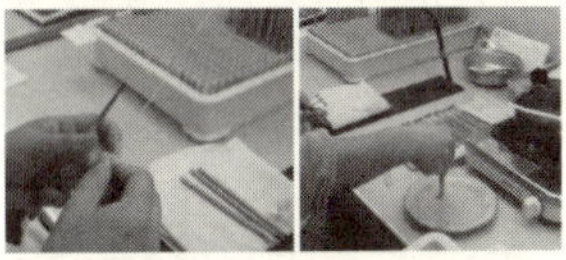

穂先を整える。
天然のフノリを穂に含ませ、糸で絞り形を整える

⑦ 検品

検品して出荷。
自社ブランドについては、すべて社長が検品する

株式会社 白鳳堂

出所：(株) 白鳳堂

製穂。筆の形にくりぬいた木型を使って毛先を切らずに同じ形の筆を安定して量産する技術です。

毛植え。穂先の部分と金具を接合する作業です。

軸付け。持ち手を接合します。

仕上げと検品。自社ブランドについてはほぼすべて社長が検品をします。ここでいう検品とは手直しです。社長が一本一本全部手直しをしますので、自社ブランドの不良品はほぼゼロです。そういう品質管理をしています。

「筆は道具なり」の実践

弊社のものづくりの考え方は、この「筆は道具なり」という言葉に表されています。ちゃんと道具として使えるもの、お客様がやっぱりこれじゃないといけないと評価していただける製品を作る。道具として使える筆しかつくらないということですね。

これは自社ブランド販売にも活かされています。自社ブランド製品は白鳳堂の社員が直

写真2　最終検品を行う髙本和男社長

出所：(株) 白鳳堂

接お客様にお届けするという仕組みをとっています。白鳳堂の店舗には白鳳堂の社員が常駐しています。また、インターネット販売も白鳳堂のホームページでのみ販売していて、お客様に社員が直接対応していま す。これは「筆は道具なり」の考え方の一環として、お客様に合ったものを提案するためです。

もし、外部に委託販売をすると、たとえばお客様に対して肌あたりがよくて値段が高いリス毛の筆が、値段が安くてコシの強いヤギ毛の筆より高品質でいい筆だという提案をするかもしれません。高い筆を売ったほうが、売上高が増加するからです。しかしながら、柔らかくてコントロール性に劣るリス毛よりも、コシが強くて化粧の粉を均一に薄く載せることができるヤギ毛のほうが、化粧を施す機能として優れているのです。安くて機能性に優れている化粧筆を提案するためには、短期的な売上高の追求よりも長期的なお客様の満足度を追求する営業スタイルをとる必要があります。社員が直接お客様と接することが、結果的には信用を得ることにつながり、永く良い関係を構築できます。

白鳳堂が考えるブラシ、刷毛、筆の違いについて説明します。ブラシとは、毛を束ねて形を削って成型するもの。刷毛とは、毛先は切らないものの毛を束ねて成型しただけもの。筆とは、毛先を活かして、かつ筆のバランスを考えて必要となる機能性を有したもの。

たとえば、化粧筆は化粧の粉を思うようにコントロールしないといけませんが、肌という凹凸のある部分を均等な圧力を加えて動かないといけない。そのためには、毛先が筆の表面にあることと筆のバランスがよいことが必要です。ブラシや刷毛ではうまくできません。白鳳堂の筆は肌にあてると吸いつくように動いてくれます。これが大事なんですね。これによって化粧ムラがなく均一で薄く化粧の粉を伸ばすことができ、技術のない素人の方でもきれいに化粧ができる。値段とかデザインとかの問題ではなく、いかに機能性があるかというのが一番大事であると考えております。実は、この「化粧筆」という言葉も弊社の社長が言いはじめております。

道具というものは使っていただくというのが重要です。伝統工芸は高品質な製品をつくるというのは得意ですが、安定して量産するというのが不得意です。いくらよいものを作っても今の時代に必要な製品として、しかも日常的に使えるだけの量を生産できないと民芸品やお土産物にしかなりません。これを解決しないと世界市場への展開はできません。

白鳳堂は、化粧筆という現代に必要な道具を開発し、高品質で安定して量産するという課題については、製造工程の細分化とその工程ごとのスペシャリストとなる職人を養成するということで解決しました。今では一日に2万本の生産能力があります。今の時代に必要で、憧れとしていつか欲しいと思うような物をつくり続けていかないと伝統工芸は廃れます。消費者がびっくりするほどの高品質なもの、やっぱりこれじゃないと駄目だというものを提案していくというのが大事になります。

創業から

熊野町の筆産業は180年ほど昔から始まったとされていますが、もともと量産で低価格系のものづくりです。今ではそういう評価ではないかもしれませんが、われわれがブランド展開するまでは、熊野筆の評価はとても低かったんですね。残念ながら、書道の業界では今でも熊野筆というのは安物だというイメージを持たれています。

弊社社長は、大学卒業後に建設会社を経て本家の画筆製造会社に入社しました。当時は高度成長期で作れば売れる時代でした。生産能力を上回る注文をこなすため、筆の業界では生産工程の省略や製品点数の集約を図り、生産数量を増やしていきました。と同時に、品質の劣化も進んでしまいました。この状況を見ていた社長は、道具としてちゃんと使える筆をもう一度取り戻し、使っていただく方に喜んでもらいたい、との思いから独立して白鳳堂を設立しました。

伝統工芸業界の職人が使う筆である面相筆を扱うことを本業としましたが、市場が小さいのと、いわゆる職人さんが使う道具なので値段が安くないと困る。とても厳しい状況でした。そこで、当時から大きな市場があり比較的参入しやすい化粧のコンパクトに入るようなブラシの製造を手掛けて会社を運営していきました。そのうち、このブラシでちゃんと化粧ができるのかという疑問が湧いてきました。当時は機能性にすぐれた化粧筆や一般の方が自分用に単品買いをするような化粧筆というのはなかったんですね。実は困っているのではないか、じゃあ自分でつくってみようということで開発を始めました。

顔というのは立体ですので、毛の腹の部分にまで毛先がついていないと化粧の粉をちゃんとコントロールできない。開発には面相筆のノウハウがたくさん活かされました。苦労の末、化粧筆の開発はしたのですが、今度は販売でつまずきます。高くて今までにないものを、国内の化粧業界は本格的には採用してくれませんでした。仕方がないから外国に提案に行ったんですね。あるカナダの企業に弊社の筆が採用されると、瞬く間に世界中で評判になりました。それがきっかけで他の海外大手ブランドとの直接ＯＥＭ取引も増えはじめ、自社ブランドも売れはじめ、われわれが考える化粧筆が広まっていったのです。

白鳳堂のブランド戦略

「筆は道具なり」という考え方を、製造から販売まで一貫して取り組んでいます。

弊社は伝統工芸の会社ですが、伝統工芸品でありながら現代の生活に必要な製品を提案し、高品質にもかかわらず安定的に量産することを実現しました。それもびっくりするほどの品質で。そうすると、お客様は必ず欲しい、いつかは白鳳堂の化粧筆で化粧がしたい、と強く思う。これが大事で、値段競争から解放されます。製造コストに利益を乗せた適正価格でちゃんと評価していただいてお買い求めいただく。値下げ、値引きを絶対にしない。もちろん品質という信用があってこそです。製造に従事する社員はそのことをしっかり認識します。

また、白鳳堂の販売員はこの考え方を理解して接客する。道具としてちゃんと使える筆、お客様に合った筆を提案することを徹底させております。それは、委託販売ではなく、自社の社員が直接お客様と向き合って販売することで実現します。お客様に適した筆を提案する結果、値段の安い筆を売ることも多々あるため、白鳳堂では販売員個人の売上目標がありません。いかにお客様に喜んでいただけるかを販売の目的にしなさいとしておりま す。白鳳堂は、売上高のみを追求したり企業規模の拡大を目指したりという方針はとりません。

皆様のお手元に『ふでばこ』という雑誌をお配りしております。白鳳堂が企画から取材、写真や記事まで自社で手がけている雑誌です。内容は、主に日本の伝統工芸品を、つくるところから生活に取り入れるところまで紹介し、モノのよさやそれに込められた思いや知恵などにより、人生をゆたかに、彩りをつけよう、ということを提案している雑誌です。これは弊社のブランド戦略の一つです。白鳳堂という会社がどのような理念を基として企業活動をしているのか、この本を並べて見るとよく理解していただけます。化粧筆にはあまり馴染みのない男性や、いろんな業界のトップの方々との接点にも有効です。「ふでばこ」事業単体ではずっと赤字ですが、白鳳堂のブランド価値の向上にたいへん役に立っております。

営業について

お客様と直接つながるということを大事にしております。

まずOEM事業です。白鳳堂は化粧品会社向けに化粧筆の受託製造を行っておりますが、問屋やエージェントを介さずに、直接化粧品会社と取引するというスタンスです。化粧品のブランドにはそれぞれのコンセプトがありますので、開発に際してはそのコンセプトに合致した製品を提案する必要があります。そのため、ブランド担当者と直接やり取りをすることが重要ですが、そこに問屋とかエージェントが入ってくると、開発がうまくいきません。化粧品業界の古い慣習では問屋やエージェントが介入するのですが、弊社は直接取引しか応じません。良い製品を提案するためにはとても大切な取組みです。開発担当者との信頼関係が築けないといけませんが、実際に弊社と取引先の開発担当者とはとても仲良しです。この方針は、国内企業はもとより海外ブランドでも同じです。

次に自社ブランドです。自社ブランド製品の販売チャネルは、基本的に自社で管理できる仕組みにしています。常設店舗、百貨店での催事販売、それから自社サイトでのインター

資料4　自社ブランド展開

○航空会社の機内販売（国際線・国内線）
○全国有名百貨店化粧品売り場でのイベント販売開始（00年〜）
- お客様に製品を直接触れて選んでいただける場所の提供（『筆は道具なり』の実践）
- 弊社社員を常駐させ、お客様に最適な筆を提案
- インターネットにて購入のお客様へのDM←販売チャネルを連動させ、シナジー効果

○店舗展開
- 東京青山に直営店開設（03年）→事務所を併設し、営業の拠点とする
- アメリカ　ロサンゼルス店（03年）・東急東横店（04年）
- 広島三越店（05年）・大阪高島屋店（06年）
- さっぽろ東急店（08年２月）・福岡三越店（08年４月）
- 銀座三越店（09年３月）・横浜そごう店（09年４月→18年３月閉店）
- ＪＲ名古屋タカシマヤ店（09年８月）
- 渋谷ヒカリエ ShinQs 店（12年４月）・東武池袋店（12年７月）
- シンガポール店（14年８月）
- 京都本店（14年10月）→海外への情報発信拠点
- 日本橋高島屋店（14年12月）

○インターネット
- 自社ホームページのみ
- お客様と直接つながる（店舗、催事との連動）

出所：（株）白鳳堂

ネット販売です。

全国の百貨店での短期イベント販売での展開について、今の時代はインターネットでさまざまなものを購入することができますが、化粧筆は道具ですので触って確かめていただくことがとても大切です。そのため、全国の百貨店に短期出展をして確かめていただく機会をつくっています。

常設店舗の展開について、そこに行けば必ず触って選ぶことができる、専門家の店員に相談できる、という場をつくる必要があります。

インターネット販売について、これはどちらかというと実店舗の補完的役割として相乗効果を発揮しております。

白鳳堂の自社ブランドは白鳳堂の社員が販売する、といっておりましたが、ひとつだけ例外があります。それが飛行機の機内販売です。主にANAやJALの国際便で販売しております。特定のセット販売になっておりますが、社員の代わりにしっかりと製品説明の文章を挿入しており、お客様に製品の特長をご理解いただけております。

社員教育

お客様と直接よいつながりを維持するためには、事務品質の向上が大事だと考えております。もともと白鳳堂はＢ to Ｂ取引が主のメーカーですので、お客様も企業担当者でいつも連絡を取っている。すると接客がおろそかになりがちです。しかし、Ｂ to Ｃの取引である自社ブランド展開を始めると、一般のお客様は化粧筆の品質と同等、もしくはそれ以上の顧客対応を希望されます。それがちゃんとできないと、やっぱり田舎の会社だとして化粧筆の価値まで下がってしまいます。ですから化粧筆の品質以上の顧客対応をしていくということが大事になります。社員教育をしっかり施し、会社の事務品質を向上し続けることが大切です。

白鳳堂の社員には、ぜひ白鳳堂の社員であることに誇りを持っていただきたいと考えております。自分の仕事が世の中のためになっている、お客様のお役に立っていることを思いながら仕事をすることはとても大事だと思います。白鳳堂は、化粧筆をとおしてお客様の自己実現をお手伝いします。日々の仕事によりお客様が喜んでくださったな、お役に立つ仕事をしているんだ、という気持ちが誇りになって、いつもちゃんとやろう、今日よりも明日、明日よりも明後日、よりいいものをつくっていこう、という取組みになるんですね。これをとても大事にしております。

製造部門は、お客様に喜んで使ってもらえるような筆をつくることが第一目標です。信用は品質の積み重ねです。担当者には製造ノルマではなく、それぞれの技術に応じてやれることをちゃんとやることを基本としています。

販売部門にも、先ほど申しましたとおり個人ノルマはない。お客様に喜んで買っていただく、喜んで使っていただくことを一番の目的にしています。

それから、マニュアルに頼らないということを実践しております。もちろんマニュアルはとても大切です。筆の材料はおもに獣毛を使いますが、獣毛というのは品質が安定していません。たとえば人間の髪の毛は人によってずいぶん質が違いますが、動物も一緒なんですね。ですから、同じ品種でも仕入れた時々によって毛の品質が若干違ってきます。その品質の違うものを同じ完成品にしないといけないわけですから、この作業を3回すれば次の工程に進む、ではなくて、この作業をこの品質になるまでやる、という考え方が重要になる。ちゃんとした品質になるまで、自分で判断できる目や技術が必要になります。マニュアルに頼るのではなく、自分で考えるくせをつけるということです。

販売については、お客様はそれぞれ違うわけですから、ちゃんとお話をするなどで認識をして、そのお客様に合った対応をするという接客にしています。自分のパーソナリティを活かしてお客様と仲良くなり、ちゃんと意思疎通を図って、お客様に喜んでいただく接客をしましょう、ということです。これを実践するために、自分で考えて仕事をしましょうといっております。

社員教育には働きやすい環境が大切です。製造現場はいわゆる3Kでした。また、社員の9割が女性です。働きやすい環境に改善していきましょうと取り組んできております。筆づくりは今でも工程のほとんどを手仕事で行っています。ですから、身体に負担のかかりにくいように製造工程を工夫する、温度、湿度、空気清浄などの現場環境の負担をなくす。無理な残業やノルマの排除。産休、育休、介護休職の取得と復職促進により、いったん会社を離れても復帰しやすい仕組みにしています。社員は安心して休暇を取れますし、会社としても手に職をもつ即戦力が復職すればとても助かります。

ちなみに現在340人の従業員中20人くらいが産休育休を取得しています。おそらくほとんどの人が復帰します。さらに10人近くが妊娠中ですので、常時20人くらいが入れ替わり休職と復職をしている状況です。もちろん、パート社員にも有給休暇の利用を促進しております。子供の学校行事などで安心して休めます。

今後について

とても大事なことですが、日本の伝統工芸や伝統文化を、筆をとおして守っていくことを実践していきます。

白鳳堂の本業は化粧筆ではなく、面相筆です。日本の伝統工芸はその製造の特に重要な工程で、面相筆のような伝統的な筆を使うこと多い。ちゃんと使える筆を作り続けるということは、すなわち日本の文化を守り継承することにつながります。その下支えを白鳳堂は行っていきます。

『ふでばこ』の事業も、伝統工芸を紹介するという役割をしっかり果たしておりますし、平成26年に開業した京都本店は、さまざまな伝統工芸の職人の方にお越しいただき、それぞれが使っている筆についての情報交換も活発になってきております。

写真3　伝統工芸としての筆

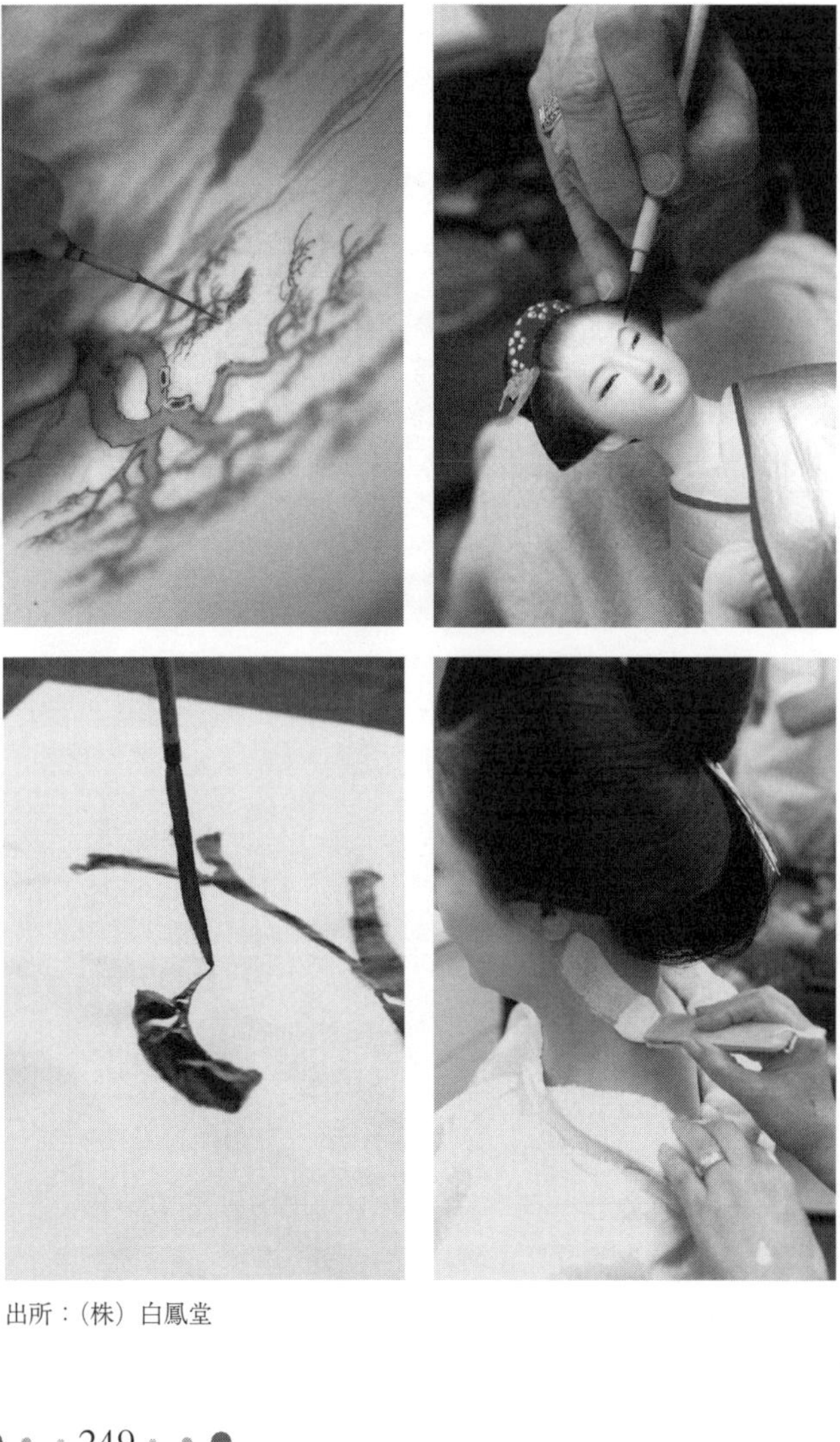

出所：（株）白鳳堂

写真3　伝統工芸としての筆（続き）

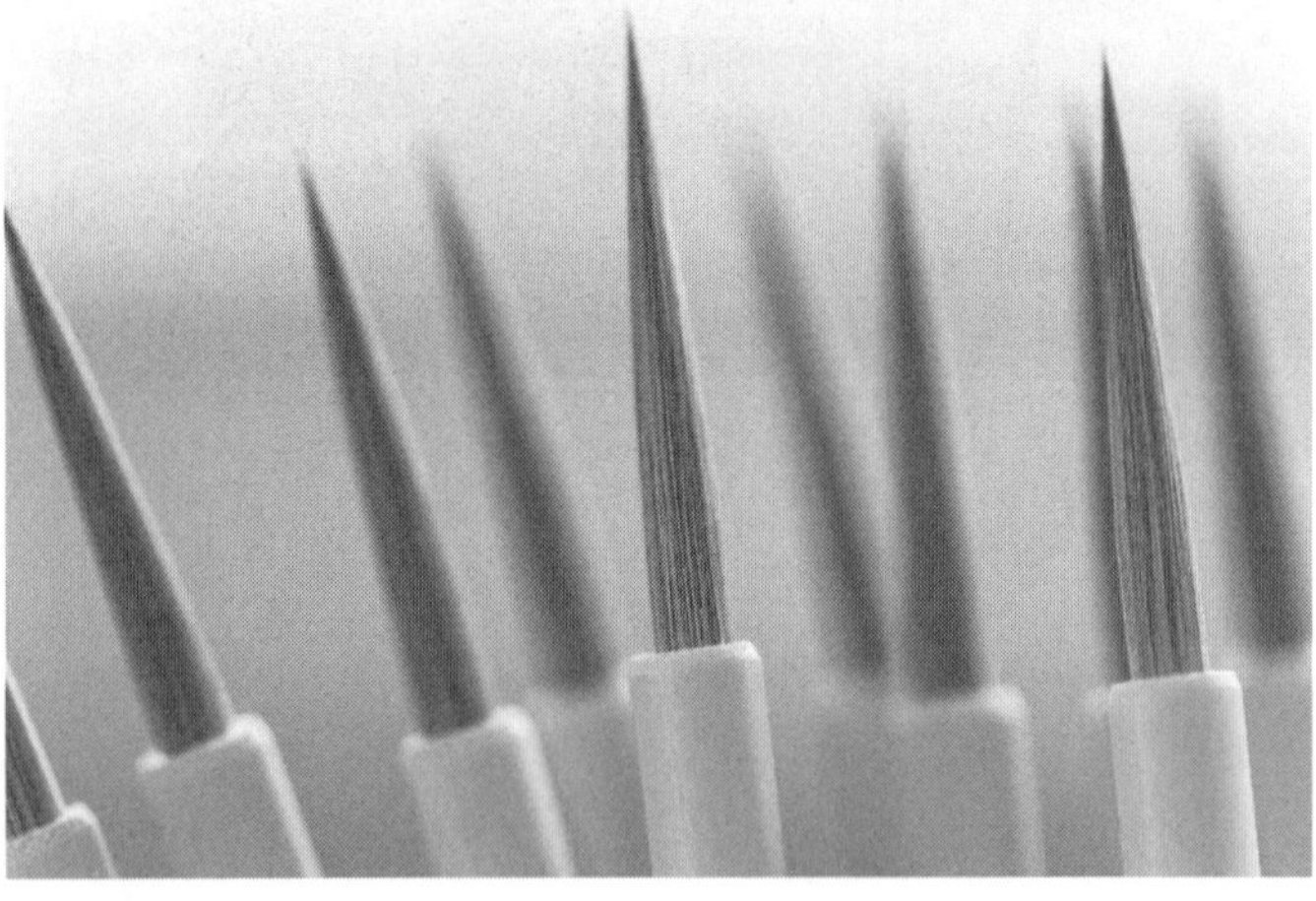

出所：（株）白鳳堂

この、伝統工芸を支える道具としての筆をつくるということが、実は大きなマーケットがある化粧筆の製品開発にとても役に立っております。伝統技術やノウハウを伝統文化だけに使うのではなく、今の世の中で必要な化粧筆として世界中の方々に喜んでもらえる。白鳳堂の化粧筆の評価は現在でも世界一ですが、さらに磨きをかけていきたいと考えております。

それから趣味としての道具にもしっかり取り組んでいきます。書道や絵画をとおして生活を豊かにすることはとても大事であると考えます。最近は書道も絵画も楽しむ人が減ってきておりますので、よい工夫をしていきたいと思います。

最後に

白鳳堂は道具の文化を考えます。
出来なかったことが出来る
道具には、こうした力があります

はやく、ラクに、カンタンに
道具には、こうした力があります
感動させ、楽しませ、和ませる
道具には、こうした力があります
使えてこそ、使ってこそ道具
道具が道具たるかは
あなた次第です
それは
あなたの暮らしや生き方を
きっとかえてくれます

（出所：㈱白鳳堂『ふでばこ』）

ご清聴どうもありがとうございました。

質疑応答

【川村（質問者）】 本日はいろいろとありがとうございました。長沢ゼミM2の川村と申します。先日は御社にお伺いさせていただきました。いろいろとありがとうございます。

本日お話を伺いまして、2点、ぜひお伺いできればと思います。

まず一つ目がブランド戦略です。さきほどの『ふでばこ』にしても、京都本店の藤原定家の跡地とかですね、まさに白鳳堂のブランドを高めていくようなことに関しても集中されてるな、というのをすごく感じました。先ほど熊野筆自体が高級な化粧筆をつくっていなかった時に社長さんが先見の明というか、そういうところがあったのかなぁとすごく感じました。特に、そこらあたりで意識されていることがあれば、ぜひお伺いしたいというのが1点。あと、特に海外展開です。さきほどちょっとヨーロッパ、不平等の契約を絶対受けるということでした。特に地場企業、地方の企業さんでそこまで海外に出ることがなかなかないと思うのですけれど、特にこれから地場で海外展開しようと思う企業さんがもしあった場合に、何かこうこういうふうなところを意識してやっていけばいいんじゃないかというところが何かあればお伺いできればなぁと思います。この2点をよろしくお願いします。

【高本】　まず地場産業の中での取組みですね。一般的な認識では、いわゆる熊野筆を一括りにしているところがあります。昔の熊野筆の強みは安くて量産できる、というものですが、熊野の既存の業者はシェア獲得を図る過程で、品質に訴えるのではなく、値段を下げて市場を押さえていくやり方をしました。それではいかんということで、弊社社長は白鳳堂を起業して、高品質で価値の高い筆を提案していくなかで白鳳堂ブランドの地位を上げていくことに努力しました。その結果、「熊野筆」という地域ブランドの価値が上がってしまったんですね。その中には、残念ですが品質の低い製品を作る業者もあるわけです。ですから、白鳳堂は「熊野筆」の会社であるという表現を行っておりません。われわれのブランド価値や品質に対する取組みをちゃんとお伝えしていくために、「熊野筆」ではなく白鳳堂の筆として展開しています。

それから、海外ブランド、特に欧米のラグジュアリーブランドとの取引についてですが、商品開発では良い関係で仕事ができる傾向にあります。しかしながら、法務部門や購買部門とのやり取りはたいへんです。特に、取引契約を結ぶ段になって、不平等な契約を提示されることがよくあります。地場の中小企業だと海外の大きな企業と取引ができることで満足して、契約内容をちゃんとチェックしないことがあるようですが、自社の技術やノウハウをまるまる搾取される恐れがあり、注意が必要です。われわれは、信頼の置ける国際弁護士にお願いして、契約文言を一つ一つ吟味して修正していただく交渉をしております。また、自分たちのルールで取引をする、ということも大切だと考えております。たとえば資金回収については、海外ＯＥＭは原則円建ての完全前払いをお願いしているのが一例です。

【長沢】 今のところで、私が追加で質問です。どうしてそのヨーロッパとやるときは気をつけなきゃいけないというのがわかったのかということです。要するに、初め手痛い目にあってそれで気がついたとか、あるいは何か、お兄様がヨーロッパと取引した経験があるとか、どこからそれに気がついたんでしょうか。

【高本】 社長がそういうところに気をつけていました。ヨーロッパの人たちは自分のルールを押し付けるから気をつけろとか、ある国との取引は絶対にお金を先にもらわなければ駄目だ、など。昔はそれなりに痛い目にあっていると思います。海外企業と取引するときは特に対等契約にしないといけないという考えが強いです。そんな中で、ヨーロッパ企業から提示されるものは不平等な契約内容になっていたりして、やっぱり駄目だよねってことになります。

【長沢】　お父様は世界中に売り込みに行かれたのでしたね。もう一つは国際化するにあたって、大変失礼ながら地方の会社ですと英語ができる人がいないとか、ましてやフランス語とかできる人がいないから無理だという会社がほとんどだと思います。御社はどうされたのでしょうか。

【髙本】　社長だけでがんばっていた時代は、社長の個人的なつながりを駆使しておりました。実務をする世代が替わったあとは、ちゃんと英語ができる社員を雇用して白鳳堂の考え方をちゃんと理解してもらって、それに基づいて営業するということをやっております。白鳳堂は広島県の熊野町と田舎にありますが、世界中のブランドと取引をしているような会社は周りにあまりありませんので、優秀な人材を確保できます。本社の事務員が12人おりますけれど、3分の1は英語がちゃんとできる社員です。また、東京の南青山に営業部隊がおりますが、そこにも英語がちゃんとできる社員が2、3人おります。店舗の販売担当のなかにも、英会話ができる社員が各店舗に必ず1、2人はいますので、外国のお客様が来られたときは基本的には英語で対応します。中国語ができる販売員も何名かおりますので、中国のお客様に対応できる仕組みも徐々につくっております。

【飯坂（質問者）】 夜間主総合のM1の飯坂と申します。一つ質問させてください。先ほど売上のグラフを見させていただいて、また今後新興国なんかで化粧の人口っていうのは増えてくるんじゃないかなと思っています。たとえば、ムスリムの方でもきれいな布をかぶるとかファッション性はどんどん出てくるので、そういう流れで化粧する女性というのはどんどん増えてくる流れとともに需要も増えてくると思います。

そうなったときに、おそらくこの化粧筆の品質を保っていくのはすごく、バランスを保つことはすごく難しいことなのではないかなと思います。今後の海外の展開なども含めて、どういうふうな工夫をしていこうと考えていらっしゃるのか、教えていただきたいです。

【髙本】 ありがとうございます。おっしゃるとおり、アジア系、中東系を中心に市場は急速に拡大しております。それを踏まえて、営業面ではシンガポールに現地法人を開設し、白鳳堂ブランドを浸透させる取組みをしています。筆づくりは手作りのため、いくらがんばっても年率10％くらいしか生産能力を増強できません。ですから急激な売上増も期待できませんし、急激な市場拡大に対するマネジメントもできません。そのため白鳳堂ブランドについては、つくれるだけの筆を供給し、機会損失よりもブランド価値の向上を優先します。それと並行して、ある程度の量産型になりますOEMについては、すでに広島県三次市に第二工場を稼働させて、準備を整えつつあります。

【宮島（質問者）】 宮島と申します。ありがとうございます。一点お伺いしたいんですけれども、「筆は道具なり」で、その筆を支えるのは人材だ、人が大切なのだというのが非常によく伝わってきました。その、人を採用するうえで、どういうところを重要視されているのかを教えていただければと思います。

【高本】 製造のほうですか？ 事務のほうですか？

【宮島】 たぶん、どちらでもそうだと思っていて、製造のほうでも事務のほうでも、採用するうえでどういうところを気にされているのかを聞きたいです。

【高本】 人となりでいうと、事務系、製造系ともに健康で明るく素直である人を前提にしております。まず、健康じゃないと続かない。明るくないと周りの人や取引先などとのコミュニケーションができづらく、信頼の構築が難しい。素直については、白鳳堂の考え方をちゃんと理解していただかなければいけません。世の中の変化にもしっかりキャッチアップしないといけないですから、素直であるということを重要視しています。あとは、見た目やしぐさに清潔感があるかどうか。清潔感がないということは自堕落だということですので、ちゃんと自分の世話ができていない。自分の世話ができない人はまわりの世話もできない。だからぱっとみて自堕落な人は採用しない。もちろん、事務系は経験や能力、もう一段落すぐれたコミュニケーションができるか、などの基準もあります。

【宮島】 ありがとうございます。

【鍋島（質問者）】 鍋島と申します。店舗展開で質問です。やはり百貨店でやっていくことでブランドとしての価値が上がると思うんですけれど、たとえば伊勢丹の新宿だったり和光だったり、まだ展開してないところがあると思います。これは、今後展開していくのか、それともあえて、たとえば銀座でいうと三越にあるからここでしか買えないっていう希少性に重きを置いているのかということをお聞きしたいです。

【高本】 今後出店したい地域は何か所かありますが、同一商圏に複数店舗を出すことは考えていません。筆というのは買い替え需要とか買い足し需要とかが頻繁にあるわけじゃないので、本来そんなにたくさん売れるものではない。そのため、ほぼ同一商圏には一店舗です。ですから銀座には三越さんだけ。銀座と日本橋は近いですが、お客様が違うので出店する。地域の大都市に一店舗あれば一応充足するというような考え方です。

【鍋島】　ありがとうございます。

【中祖（質問者）】　本日はお話をありがとうございます。中祖と申します。2点ほど伺いたいと思います。一つは動物性の毛から合成繊維に移行したりですとか、技術革新をすごくやってらっしゃると思うのですが、そのうえでたとえば外部人材を取り入れたりとか、社外と提携したりということをされているのかということ。あともう一つは、人材育成のところで、私の勝手なイメージなのですけれども、伝統産業というのはたとえば一人の職人さんが筆を一人でつくりあげるということに誇りを感じていたりとか、そういう面があるのかなと思っているのですが、社内で分業して工程のエキスパートを育てるとモチベーションが下がったりということがあるのか、というのを伺えたらと思います。

【高本】　ありがとうございます。特定の技術や知識を持っている外部の人材を社内に入れるということはあんまりやりません。開発が終わったらその人の活躍の場がなくなってしまう可能性があるので、お互いハッピーじゃない。そうではなくて、白鳳堂が好きで白鳳堂の社員になりたいという人を採用します。合成繊維の開発では、繊維メーカーとしっかり取り組んでいます。これはかなり力を入れてやっています。

それから製造にかかわる人材についてですが、一般の方々の職人に対するイメージというのが少し間違っていると感じています。ものづくりというのは昔から分業制で、職人がその分業された仕事をそれぞれ請け負って、完成品にする。一人の人がすべての作業をこなすのは、職人ではなくて芸術家ではないでしょうか。白鳳堂には自分の感性に基づいてものづくりをしたいような芸術家はいらないんですね。道具をつくる会社ですので、ちゃんとした規格のもとにこの作業を、これだけ同じように、この品質になるまで、やりましょうという考え方です。

伝統工芸ですから職人という表現をしますが、やっていることは自動車会社と同じです。それでモチベーションが下がるかどうかという話になると、いわゆるものづくりの楽しさを理解できるかどうかではないでしょうか。今日よりも明日、明日よりも明後日、ちょっとだけでもうまくなった、できるようになった、わぁよかったねというものづくりの楽しさを工場に浸透させることが大事になります。

【鎌田（質問者）】 今日はどうもありがとうございます。夜間主総合M１の鎌田と申します。一点伺いたいのですけれども、今、国内の化粧品って、結構若い方だと格安なものをかなりたくさん使っています。そこに入っているものって、そんなに良い品質のものではないと思うのです。たとえば洋服でファストファッションが流行ってるように、化粧品も安いものが流行していて、そういったものに慣れてしまっているような若い世代の人たちがいずれ白鳳堂さんの筆を使っていただけるように促すような、エントリー層といった方たちへのアクションというのは、何か今現状でされているのでしょうか。

【高本】 ありがとうございます。たとえば、大学祭のコンテストの景品に白鳳堂の筆を提案しています。あ、私も欲しい、いつかは白鳳堂の化粧筆を使いたい、という効果を期待しています。美容雑誌の企画にも積極的に協力しています。いつかは手に入れたい、というイメージをつくることが大切だと考えています。

値段が高いから手が出ない、ということはどの時代でもどの世代でもありますが、だからといって、手に入る値段にして品質を落として、その市場を取り込むことはやるべきではないと思います。白鳳堂の地位をより上にあげていくことを繰り返していかないといけません。品質を下げて価格競争に参加する時点で、ブランド価値が毀損します。そのような商売は他の業者に任せればいい。いつかは白鳳堂と思われるような取組みが大事と考えております。先ほども申しましたように、製造能力の問題もありますが、すべての人に行き渡らせる必要はありません。

【長沢】 今のところで一つ、追加質問です。エントリーモデルみたいなものをつくるという考えは全くないのでしょうか。

【髙本】 クリスマスセットや春先のビギナーズセットなど、季節などに応じた製品を提案することはやっていますが、廉価モデルを投入しての種まきのようなことは、今のところやっておりません。費用をかけて広告媒体を活用するような認知活動も積極的ではありません。

【矢島（質問者）】 お話ありがとうございました。アルビオンの矢島です。アルビオンの商品とすごく似ている部分があって非常に感動しながら聞いておりました。

弊社でも売上のノルマはまずありません。販売員さんも商品ではなくてお手入れを伝えるというのをさせていただいております。ようは買って持って帰っていただいてもちゃんと使ってもらえないときれいになれない、本来の目的が達せられないからなのですが。これだけ高額でいいものが、しかも独占だというのが相当すごいことなのかなと思っています。化粧品ではたくさん高額のもの、すばらしいものがありますので、一つの企業がこれだけトップで、しかも長年続けていらっしゃるというのは相当すごいことだと思いました。

そこで質問が2点あります。一つは、筆ってぱっと見ではわからないですよね、差が。写真が雑誌に載っても、いいものなのを伝えるのってなかなか、さっきみたいに触らせていただかないとわからないと思うので、熊野筆といわないなどのＰＲ上のＮＧ、これは絶対に駄目ということがもしあれば、気をつけてらっしゃること、掲載上のことで教えていただければと思います。

また、お話を伺っていると、その品質を人が伝えていくというのがすごく大事かなと思っています。もともとそういうマインドが白鳳堂という会社に最初からあったのか、やっていくうちにそうなったのか。この『ふでばこ』が10周年と書いてあるのをみましたし、あとは百貨店のイベントの開催が２０００年ということなので15年前、16年前から伝えていこうというマインドができているのかと思うのですが、もともとそういうところがあったのか。小さい頃から社長さんを見ていらして、どういう方だと思っていらしたのかというのを伺えたらなと思います。

【髙本】 ありがとうございます。おっしゃるとおり、残念ながら画像では品質の良さは伝わりません。しかもデザインとか値段とかに強く影響されるというのが今の世の中なので、考えどころです。たとえば、アマゾンとか楽天でパウダー筆を検索すると、値段の羅列、それからデザインでだらだらっと並んで、今だったら定価いくらのところ30％値引き、なんてことをやっています。選択動機を値段とデザインにして、品質は事実上関係ない。

ですから、白鳳堂はインターネット販売を自社サイトのみで行っています。品質をご理解いただくためにはお客様と直接つながって、自分たちのコントロールできるところだけでやっていく。

雑誌などの媒体に載る場合は、文章やコメントはすべてこちらで校正をやらせてもらっています。勝手に文章を載せるというのはNGです。

熊野筆という地場産業では、値段競争により仕事を取るという商売手法です。これに対して弊社の社長は、お客様に喜んで使っていただけるよい品質の製品を供給するんだ、という目的で白鳳堂を創業しています。基本は「筆は道具なり」です。それをもとにして会社にいろんな枝葉をつけていきました。もちろんその中には失敗もありましたが、一つひとつ積み上げていくことによって今がある。やり始めたこと、種をまくということを続けることだと思うんです。

百貨店の展示会は2000年から続けていますが、実はとても大変なんですね。人のやりくりや百貨店との取組み、売上が悪かったり、いろんなことがありますが、続けることによってお客様から認知されて評価される。講義ではお話しませんでしたが、さまざまな海外の展示会ももう10年以上出展しています。一回の出展で200～300万くらいかかり、もちろん単体では赤字です。でもやっていく。出展し続けることによって、海外での白鳳堂の評価というものが確立される。化粧筆だったら白鳳堂という認知になっていきます。結果的にはトータルの収益に貢献している。地道に、これは将来大切なことになるから今大変だけど続けていこう、ということです。

『ふでばこ』も一緒ですね。ずーっと続けること、自分たちが信じたことをやり続けていくということが大切だと思います。

【長沢】だいぶ時間が迫っておりますが、私が特権で3つ立て続けに質問させていただきます。まずブランド戦略がユニークだということは皆さんわかったと思いますけれども、それはやはり統括部長がご担当ということですか。

【髙本】実務的なブランド戦略は、専務がやっております。講演などは、社長はしゃべるのが苦手なので、このように人の前でしゃべるような役割は私が担当しております。

【長沢】世の中でいろいろブランド戦略論という本がいっぱい出ておりますが、かなり逆のことをやってらっしゃいます。そういう意識はお持ちでしょうか。

【髙本】どうなんでしょうか。ニッチな産業ですので競合が少ないとか、新規参入がしづらいとか、他社にない技術やノウハウをもっており追い越される可能性が少ないとかを利用しています。他ではできないことができるということが大きいかなと思います。

【長沢】 2009年に本を出させていただいたときに、OEMと自社ブランドを半々にもっていくのが目標だというのをお聞きしました。今の比率はどれほどでしょうか。

【高本】 今はOEMが7で、自社ブランドが3ですね。

【長沢】 それは、やはり五分五分くらいが目標でしょうか。

【高本】 OEMと自社ブランドを半々に将来的にはなればいいとは思います。しかしながら、自社ブランドの販売には生産能力とか海外での販売網の整備などの課題もたくさんあります。OEMは、白鳳堂が考えた筆を、大手ブランド名をつけて世界中で売ってもらうというメリットがあります。それで、最終的に白鳳堂が世界一のブランドですよ、といって出ていくことが大事で、今はその前段階の状況です。もう一つのOEMの重要な役割は、部品や材料を供給していただける協力会社の方々の経営を安定させる、ということです。同じ製品を安定してたくさん製造するというのは、メーカーにはとても助かる仕事で、利益を上げやすい。部品を供給していただく会社の利益を確保する仕組みをつくるには、OEMが非常に有効なので、自社ブランドが儲かるから自社ブランドだけでいきます、というようなことはやるべきでないと考えております。

【長沢】　やはり2009年で、だいたいの海外の著名ブランドとはお取引できたかな、シャネル以外は、というお話がありました。国内は、とお訊きしましたら、「最大手の会社はなかなか」というお話がありました。その後いかがですか。

【髙本】　国内最大手も含めて、国内OEM取引は伸びていないのが現状です。化粧筆を良い道具として売るのではなく、安くてデザイン性を考える企業が多いようですので、なかなか一緒に仕事ができません。もう一つは、白鳳堂が国内の化粧筆市場を押さえてしまっているので、いまさら白鳳堂のOEMを扱ってもしょうがない、ということもあろうかと思います。それに対して、海外の企業との取引は順調に伸びております。東南アジアなどの市場の拡大が見込まれており、ラグジュアリーブランドも新しく化粧市場に参入してきております。とても期待をしております。

【長沢】　本当に最後の質問です。「白鳳堂らしさ」というのは、一言でいうと何でしょうか。

【髙本】　筆という道具をつくること、です。今後も会社の立ち位置は変わらないと思います。儲かるから筆以外のことをやろうということはおそらくない。いかに道具としての筆をつくっていくか、を地道に取り組んでいきます。

【長沢】 だいぶ時間も超過してしまいました。

今日は、広島県熊野町から株式会社白鳳堂　取締役統括部長　髙本　光様をお迎えしました。最後に改めて盛大な拍手をお願いします。（拍手）

〔注〕長沢伸也編著『地場・伝統産業のプレミアムブランド戦略――経験価値を生む技術経営』同友館、２００９年

編者

長沢　伸也（ながさわ　しんや）

1955年　新潟市生まれ。

早稲田大学大学院商学研究科博士後期課程商学専攻マーケティング・国際ビジネス専修および経営管理研究科（早稲田大学ビジネススクール）教授。早稲田大学ラグジュアリーブランディング研究所所長。仏ESSECビジネススクール・パリ政治学院客員教授などを歴任。工学博士（早稲田大学)。専門はデザイン＆ブランドイノベーション・マネジメント。商品開発・管理学会長。

主な著書に、『地場ものづくりブランドの感性マーケティング』(編、同友館、2019年)、『銀座の会社の感性マーケティング』(共編、同友館、2018年)、『ホンダらしさとワイガヤ』（編、同友館、2016年)、『高くても売れるブランドをつくる！』（単著、同友館、2015年)、『アミューズメントの感性マーケティング』(編、同友館、2015年)、『ジャパン・ブランドの創造』（編、同友館、2014年)、『感性マーケティングの実践』(編、同友館、2013年)、『京友禅「千總」』(編、同友館、2010年)、『老舗ブランド企業の経験価値創造』(共著、同友館、2006年)、『ラグジュアリーブランディングの実際』(編著、海文堂出版、2018年)、『日本の“こだわり”が世界を魅了する』（編著、海文堂出版、2017年)、『グッチの戦略』（編著、東洋経済新報社、2014年)、『シャネルの戦略』（編著、東洋経済新報社、2010年)、『ルイ・ヴィトンの法則』（編著、東洋経済新報社、2007年）ほか多数。

訳書に『カプフェレ教授のラグジュアリー論』（監訳、同友館、2017年)、『ファッション＆ラグジュアリー企業のマネジメント』(共監訳、東洋経済新報社、2013年)、『ラグジュアリー戦略』（東洋経済新報社、2011年）などがある。

執筆協力者（講演者、掲載順、敬称略）

株式会社能作 代表取締役社長　能作克治
株式会社吉岡甚商店 代表取締役社長　吉岡信昌
とみや織物株式会社 代表取締役社長　冨家靖久
株式会社白鳳堂 取締役統括部長　髙本　光

2019年12月20日　第1刷発行

伝統的工芸品ブランドの感性マーケティング
——富山・能作の鋳物、京都・吉岡甚商店の京鹿の子絞、
京都・とみや織物の西陣織、広島・白鳳堂の化粧筆——

編　者　長　沢　伸　也

発行者　脇　坂　康　弘

〒113-0033　東京都文京区本郷3-38-1
発行所　株式会社同友館
TEL. 03 (3813) 3966
FAX. 03 (3818) 2774
URL　https://www.doyukan.co.jp/

乱丁・落丁はお取替えいたします。　三美印刷／松村製本所

ISBN 978-4-496-05444-0　Printed in Japan